애덤 스미스가 들려주는

국부론 이야기

애덤 스미스가 들려주는

국부론 이야기

박주헌 지음 · 황기홍 그림

06

경제학자가 들려주는
경제 이야기

|주|자음과모음

우리 모두는 풍요로운 삶을 영위하기 바라며 하루하루 열심히 살아갑니다. 하지만 개인적으로 열심히 산다고 모두 풍요로워질 수 없는데 문제가 있습니다.

아프리카에 살고 있는 여러분들의 친구들은 대부분 끼니도 채우지 못하며 하루하루 힘들게 살아가고 있습니다. 이들은 결코 여러분들보다 게으르고, 지능이 떨어져서 그렇게 살아가는 것이 결코 아닙니다. 아무리 열심히 노력해도 여러분들이 현재 누리고 있는 물질적 풍요로움에 다가설 수 없기 때문입니다.

왜 그럴까요? 답은 간단합니다. 우리나라가 아프리카 여러 나라보다 부자 나라이기 때문입니다. 국가가 부유하지 않으면 개인이 제아무리 노력해도 풍요로운 삶을 누리는데 한계가 있습니다. 이런 의미에서 우리는 운명 공동체인 것입니다.

국부(國富)는 저절로 쌓이는 것이 아닙니다. 국부가 무엇이고 어떤 원리로 형성되는지를 정확히 이해하고 경제 사회를 국부 형성에 유리하게 만들어야만 가능합니다. 바로 이 문제를 놓고 애덤 스미스가 씨름한 결과물이 그 유명한 국부론입니다. 좀 더 친근하게 말하면 부자 나라를 만드는 길라잡이 정도로 생각하시면 됩니다.

애덤 스미스는 국부의 원천은 금은보화의 양이 아니고, 생산에 참여하는 노동량 즉, 고용량과 노동 생산성에 있다고 보았습니다. 다시 말해 더 많은 사람이 더 효율적으로 일할 때 국부는 증가한다는 뜻입니다. 더 많은 사람이 일하기 위한 일자리 증가는 자본의 증가 없이는 불가능합니다. 바로 이런 점에서 애덤 스미스는 자본 형성의 중요성을 강조합니다.

일자리만 증가한다고 모든 일이 해결되는 것은 아닙니다. 이왕이면 효율적으로 일해야 더 많이 생산할 수 있습니다. 즉 노동 생산성이 증가해야 합니다.

애덤 스미스는 노동 생산성 증가의 핵심 원리를 분업에서 찾고 있습니다. 일을 나누어 하는 분업은 필연적으로 누가 무슨 일을 해야 하는가를 결정해야 하는 자원 배분의 문제를 낳습니다. 단순히 일을 나눈다고 생산성이 획기적으로 향상되는 것은 아닙니다. 효율적으로 자원이 배분될 때 생산성은 비약적으로 증가합니다.

효율적인 자원 배분의 원리는 단순합니다. 각자에게 자신이 제일 잘 할 수 있는 일을 맡길 때 가장 효율적일 것입니다. 하지만 복잡한 현실 세계에서 누가 어떤 일을 제일 잘 할 수 있는가를 알아내어 그 일을 맡긴다는 것이 말처럼 쉬운 일은 아닙니다. 시장 경제 체제는 자원을 효율적으로 배분하는 경제 체제로 알려져 있습니다.

우리나라는 20세기 후반 국부를 비약적으로 증가시키는 경제적 기적을 만든 나라입니다. 하지만 최근 선진국의 견제와 중국 등 개도국의 무서운 추격으로 마치 호두까기 가위에 끼인 형국으로 재도약이 필요한 시점입니다.

우리 경제의 재도약은 바로 여러분들에게 주어진 도전적 과제입니다. 애덤 스미스가 들려주는 부자 나라 이야기는 여러분들이 우리 경제의 재도약을 위해 무엇을 준비하고 실천해야 하는가를 깨우쳐주는 좋은 출발점이 될 것입니다.

박주헌

분업의 개념은 특화와 밀접히 관련되어 있다. 분업은 생산 과정을 여러 단계로 나누고 각각의 사람들에게 서로 다른 단계를 맡기는 것을 의미한다. 이때, 근로자들은 같은 일을 반복적으로 수행하므로 일을 더 빨리 끝낼 수 있게 되어 더 많은 상품을 생산하게 된다.

사람들의 일상적인 경제 활동은 상품이나 서비스를 생산하고, 소비하며 교환하는 활동으로 구분할 수 있다. 이 같은 경제 활동 중 소비 활동은 주로 가계를 중심으로 이루어지고, 생산 활동은 기업이 담당한다. 그래서 가계를 소비의 주체라고 하고, 기업을 생산의 주체라고 한다. 가계나 기업처럼 경제 활동과 직접적으로 관련이 없는 것 같지만 정부 또한 중요한 경제 활동의 주체이다.

중학교	경제	I. 경제생활과 경제 문제 2. 경제 체제의 변천 과정
	사회 3	3. 시장 경제의 이해 1. 시장 경제의 특성
고등학교	경제	III. 경제 주체의 합리적 선택 3. 책임 있는 재정 운용
		IV. 국민 경제의 활동과 경제 변동 2. 경제 성장과 안정화 정책

시장에서 이루어지는 민간 부문의 경제 활동은 '가격 원리'에 의해 이루어진다. 효용을 증가시키기 위해서는 반드시 그에 대한 대가를 지불해야 하고, 다른 사람의 희생에 대해서는 그에 대한 보상을 해야 한다. 그러나 정부의 경제 활동 원리는 민간 부문의 경제 활동 원리와는 다르다. 민간의 경제 활동이 자발적이고 쌍방적이라면 정부의 경제 활동 원리는 강제적이고 일방적이라는 특징을 가진다. 민간의 경제 주체들이 시장을 통해 재화와 생산 요소를 거래하는데 비해, 정부는 가계와 기업으로부터 일방적으로 세금을 걷어 가고, 일방적으로 지출한다.

금융 정책이란 중앙 은행이 이자율이나 통화량을 변동시킴으로써 경기의 흐름을 조절하는 정책을 말한다. 일반적으로 통화량이 증가하면 이자율이 하락하여 경제 내의 총수요가 팽창하게 되고, 통화량이 축소되면 이자율이 상승하면서 경기가 위축되는 효과가 나타난다.

	세계사	애덤 스미스	한국사
1723		스코틀랜드 커콜디 출생	
1729			조선 영조, 궁방전의 면세 특권 제한
1737		글래스고 대학 입학	
1740		옥스퍼드 대학 장학생	이익, 『성호사설』 발간
1748	삼권분립에 관한 몽테스키외의 저서 『법의 정신』 발간	글래스고 대학 강의 시작, 데이비드 흄과 만남	
1750			영조, 균역법 실시
1751		논리학 교수가 됨	
1754		에든버러에서 '명사회' 창립	
1758	중농주의자인 프랑수아 케네, 최초의 경제 순환 모델인 '경제표' 발표		
1759	청나라, 신장 등을 영토화하며 오늘날의 중국 영토 수립	『도덕감정론』 발간	
1764	영국, 새로운 조세 및 관세법 제정	버클루 공과 함께 프랑스 및 스위스 여행을 떠남	
1765	영국, 인지세법 제정		
1766			홍대용, 자연과학 사상이 담긴 『의산문답』 저술
1767		런던 왕립학회 회원으로 임명됨	
1769			유형원, 『반계수록』 간행
1773	영국, 노스규제법 통과시키고 인도를 식민지 지배		
1775	제임스 와트, 증기기관 발명		
1776	미국의 독립선언, 미합중국 건국	『국부론』 발간	정조, 규장각 설치
1778		관세 감독관으로 임명됨	박제가, 『북학의』 저술
1790		에든버러에서 사망	

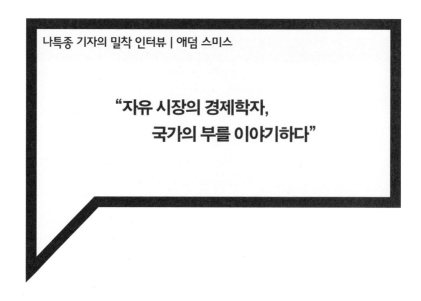

"자유 시장의 경제학자, 국가의 부를 이야기하다"

오늘은 경제학의 아버지라고 불리는 애덤 스미스 선생님께서 제 1권 '시장 경제 이야기'에 이어 '부자 나라 이야기'를 해주실 것입니다. 선생님이 어떤 분이신지는 제1권 인터뷰를 통해 알아보았기 때문에, 이번 인터뷰는 선생님이 생각하시는 부자 나라는 어떤 나라인가를 중심으로 진행해볼까 합니다.

안녕하세요. 나특종 기자입니다. 지난번에 만나 뵙고 오늘 또 만나 뵙게 되니 이제 선생님의 진짜 제자가 된 것 같습니다. 선생님이 어떤 분이신가는 지난번 인터뷰를 통해 잘 알게 되었으니 이번에 다시 반복할 필요는 없을 것 같고요. 선생님 지난번 강의와 오늘의 강의는 어떻게 다릅니까?

시장 경제 이야기는 우리가 매일매일 물건을 사고파는 시장이 어떤 원리에 의해 작동되고, 또 시장이 얼마나 효율적으로 자원을 배분할 수 있는 체제인가에 대해 살펴본 것이었고, 이번에는 어떤 나라가 부자고, 또 부자 나라가 되기 위해서는 어떻게 해야 하는가라는 주제를 중심으로 이야기 해보려고 합니다.

국부에 대한 강의인 것 같은데요, 그러면 선생님의 최고의 역작으로 평가 받는 『국부론』의 내용이 중심이 되겠군요. 그런데 선생님은 시장 경제 이야기도 국부론을 바탕으로 강의를 진행하셨던 것 같은데, 중복되는 것은 아닌가요?

그렇지 않습니다. 국부론은 제가 10여 년에 걸쳐 집필한 1,200쪽의 만만치 않은 분량의 책입니다. 국부론의 원제『모든 국민의 부(富)의 성질 및 원인에 관한 연구』에서 알 수 있듯이 국부론을 통해 국가의 전체 부를 증가시키기 위한 방법을 제시하려고 했습니다.

저는 국부를 증가시키기 위한 핵심 요인으로 분업을 제일 먼저 들었습니다. 또 이어서 분업을 확대하기 위해 자본의 축적과 자유 경쟁의 중요성을 강조했습니다. 그리고 마지막으로 자유 무역을 통해 각국의 이익 증진이 국부에 어떻게 기여할 수 있는지를 정리했습니다. 여기서 자유 경쟁 즉 자유 시장 원리의 중요성 부분을 떼어 내 집중적으로 설명한 것이 1권이었다면, 이번에는 나머지 부분에 대해 설명하게 될 것입니다.

이렇게 나누다 보니, 시장 경제 이야기는 미시 경제학에 해당되는 부분이고, 이번 강의는 거시 경제학에 해당된다고 볼 수 있겠네요.

선생님, 국부 증진은 곧 부자 나라 되자는 것인데요. 부자 되고 싶지 않은 사람이나 나라가 어디 있겠습니까? 문제는 부자 되기가 힘들다는 점이지요. 그런데 선생님이 부자 되는 비법을 알려 주신다고 하니 무척 기대가 됩니다.

무슨 비밀스런 방법이 있는 것은 아니고요. 국부를 효과적으로 증진하기 위한 하나의 경제 사회적 제도를 제시하는 의미는 있을 겁니다.

사람이든 국가든 모두 부자가 되고 싶어 하지요. 하지만 말씀하신대로 부자가 되고 싶다는 마음만 가지고 부자가 되는 것은 아닙니다. 실제로 어떤 나라는 부자가 되었는데, 또 어떤 나라는 늘 가난에서 벗어나지 못하고 고통 속에서 살아가고 있지 않습니까?

다행스럽게도 여러분들의 조국인 한국은 최단 시간에 국민 소득 60달러의 세계 최빈국에서 국민 소득 2만 달러가 넘는 부국(富國) 대열의 합류에 성공한 대표적 국가입니다. 여기서 호기심이 생기지 않으세요? 어떤 나라가 부국이 되고, 또 어떤 나라는 빈국에서 탈출하지 못하는 원인을 밝히고 싶은 호기심이요. 좀 더 쉽게 말하자면, 미국, 일본, 서구 유럽 국가들은 다른 국가들에 비해 빠르게 성장하고 있지만, 아프리카 여러 국가들은 100년 전의 모습이나 현재의 모습이나 크게 달라지지 않은 상태가 속절없이 이어지고 있는데, 도대체 이 차이를 어떻게 설명해야 하느냐의 문제이지요.

이런 호기심이 풀린다면 자연스럽게 어떻게 해야 부자 나라를 만

들 수 있는지 알 수 있지 않겠어요?

선생님, 국부가 많은 나라가 부자 나라 아닌가요? 그렇다면 국부가 뭐 그리 복잡한 개념일 것 같지 않은데, 그렇지 않은가 보죠?

국부의 정의는 생각하는 것처럼 간단하지 않습니다. 또, 국부를 어떻게 정의하느냐에 따라 국부를 증대시키는 방법, 즉 성장 전략도 달라질 수 있는 매우 중요한 문제이기도 합니다. 내가 살았던 18세기 당시는 중상주의 시대였습니다. 그런데 중상주의자들은 국부를 국가가 보유하고 있는 금은의 양이라고 생각했습니다. 그러다 보니 중상주의 시대의 국부 증진 정책은 금은을 끌어 모으는데 초점이 맞춰져 있었다고 말해도 지나치지 않습니다. 당시 유럽 여러 나라들의 식민지 정책, 독점 무역 회사의 설립 등은 모두 다른 나라로부터 금은을 끌어 모으려는 목적을 공유하고 있습니다.

저는 이러한 중상주의 사상에 정면으로 도전장을 냈습니다. 저는 '소비가 모든 생산의 유일한 목적'이라고 주장하며 국부는 금은보화의 양이 아니라, '한 나라가 매년 소비하는 모든 생활필수품과 편의품의 크기'로 정의했습니다. 그런데 한 나라의 소비는 궁극적으로 생산을 초과할 수 없기 때문에 국부를 생산측면에서 다시 정의하면 '한 나라의 토지와 노동으로부터 얻는 연간 생산물의 크기'로 정의할 수도 있습니다. 쉽게 말해 한 국가의 부란 국민들이 얼마나 많이 생산할 수 있는가에 달려 있다는 말씀입니다. 따라서 저는 자연스럽게 국부 증진은 금은 보화 끌어 모으기가 아니라 생산성 향상에서 비롯된다고 주장하게 되었죠.

생산성 향상, 이것도 모든 국가가 원하는 것일 텐데요. 어떻게 해야 생산성을 향상시킬 수 있는지도 말해 주시겠죠?

저는 생산성 향상의 원천은 분업에 있고, 분업은 시장 거래가 많이 이루어질수록 확장된다고 생각했습니다. 그러다보니 당연히 시장 거래를 가능한 자유롭게 하는 시장주의를 옹호하게 된 것입니다. 거래 확장이라는 측면에서 자유 무역의 중요성도 강조했고요.

무역은 중상주의 시대에도 중요성이 강조되지 않았나요?

물론입니다. 중상주의자들도 무역의 중요성을 강조했지요. 하지만, 중요성을 강조한 이유가 달랐지요. 중상주의자들은 무역을 한 국가가 이익을 보면 상대방 국가는 손해를 보는 식의 제로섬 게임 (zero-sum game)으로 여겼던 것 같아요. 사정이 이렇다 보니, 수출은 장려하고 수입은 억제하는 정책을 옹호하게 되었죠. 하지만 저는 무역은 제로섬 게임이 아니라 무역 당사국 모두가 이익을 보는 포지티브 섬 게임(positive-sum game)이라는 사실을 일깨웠던 것입니다.

영국과 프랑스가 각각 가격에서 절대 우위를 가진 섬유와 포도주를 상호 수출하는 교역은 양국 국민 모두에게 더 많은 섬유와 포도주를 안겨 줄 수 있음을 간단하게 보여주었던 것이지요. 물론, 제 이론에도 약점이 있었습니다. 중요한 것은 절대 우위가 아니라 비교 우위라는 점을 제가 깨닫지 못했었죠. 훗날 데이비드 리카도에게 한 방 먹었습니다. 여하튼 무역은 양국 모두에 이익이 됨을 밝혀 자유무역의 이론적 기초를 다지는 기회를 만든 역할은 했습니다.

마지막으로 국부 증진과 시장 경제에 대한 관계는 어떻게 정립해야 할까요?

저는 우리 모두가 인간의 원초적 본성을 직시하고, 그 본성을 국부 증진을 위해 자유롭고 안전하게 발휘할 수 있게 할 때 국부는 가장 효과적으로 증가된다고 생각합니다. 저는 그 본성이 이기심이라고 믿고 있어요. 사람들로 하여금 자신의 이익을 가장 열심히 추구하게 하고, 그 이익이 자연스럽게 국가 전체 이익으로 연결될 수 있다면 국부를 가장 효과적으로 증대시킬 수 있다고 믿고 있는 것이지요. 그런데 시장 경제 이야기에서도 말씀드렸던 것처럼 시장이 개인의 이익을 국가 전체 이익으로 연결시킬 수 있는 가장 효과적인 장치라고 저는 믿습니다. 결론적으로 국부 증진에 가장 효율적인 경제 체제는 시장 경제가 아닐까 생각합니다.

네, 스미스 선생님. 인터뷰에 응해주셔서 감사합니다.

감사합니다. 곧 이어질 강의를 통해 여러분들에게 더 자세한 내용을 말씀드리겠습니다.

네, 오늘 인터뷰로 애덤 스미스 선생님이 생각하고 계신 국부는 무엇이고 또 국부는 어떻게 해야 증진될 수 있는지에 대해 대강은 알 수 있게 되었습니다만, 여전히 궁금증이 모두 풀리지는 않네요. 자 이제부터 선생님의 본격적인 강의를 통해 국부에 관한 모든 궁금증을 날려 버리도록 하겠습니다.

첫 번째 수업

국부란 무엇일까요?

사람은 누구나 물질적으로 풍요롭게 살고자 합니다. 열심히 일하고 낭비하지 않으며 저축을 열심히 하면 풍요롭게 살 수 있을까요? 개인적으로 이러한 노력들도 필요하지만 자신이 살고 있는 국가가 부유하지 않으면 개인의 물질적 풍요 또한 이루기 어렵습니다.

수능과 유명 대학교의 논술 연계

2009년도 수능(경제지리) 13번

2009년도 수능(윤리)3번

2010년도 서울대 정시모집 논술고사

2008년도 서울대 정시모집 논술고사

나라의 부는 왜 중요할까?

우리 모두는 행복하게 살고 싶어 합니다. 여러분들은 언제 행복합니까? 가족 간의 사랑을 느끼거나 친구 간의 끈끈한 우정을 느낄 때 행복하지 않나요? 네, 맞습니다. 우리는 사랑, 우정 등을 느낄 때처럼 정신적으로 풍요로울 때 행복해집니다. 하지만 정신적 풍요 못지않게 물질적 풍요도 중요하지 않을까요?

성철 스님과 같은 분들은 무소유의 행복을 주장하시지만, 아무래도 우리 보통 사람들로서는 가난하면서도 행복할 수 있다는 사실을 선뜻 받아들이기가 어렵습니다. 물론 부(富)가 행복의 충분조건은 아니겠지만, 그렇다고 해서 가난이 행복의 조건이라고 단정짓기도 어려운 일이지요.

가난이 얼마나 인간을 비참하게 만들 수 있는지는 아

교과서에는
에티오피아에서는 사람들의 사망 원인의 1위가 질병이나 늙어서가 아니라 영양실조라고 합니다.

프리카 여러 나라나 북한의 실상을 통해 잘 알 수 있습니다. 굶어 죽을 마당에 정신적 풍요가 무슨 소용이겠습니까? 물론 물질적으로나 정신적으로 모두 풍요로울 때가 가장 행복하겠지만, 정신적 풍요는 일단 접어두고, 우리 수업에서는 물질적 풍요를 중심으로 논의를 해 보기로 해요.

그럼 어떻게 해야 물질적으로 풍요로워질 수 있을까요? 열심히 일하고 낭비하지 않으며 저축을 열심히 하면 풍요롭게 살 수 있나요? 물론 빈둥빈둥 살면서 저축도 하지 않은 사람보다야 상대적으로 풍요로울 수 있겠지요. 하지만 어떤 한 사람의 물질적 풍요로움은 개인의 경제적 위치뿐만 아니라 그 사람이 살고 있는 나라가 얼마나 부자인가에도 달려 있습니다. 다시 말해, 우리의 물질적 풍요는 우리가 살고 있는 국가의 부에 의해 제한됩니다.

우리가 제아무리 노력하여도 우리나라가 부유하지 않으면 개인의 물질적 풍요를 이루기 어렵습니다. 물론 가난한 국가에서도 사치스런 부자가 있고, 부유한 국가에서도 거지는 있기 마련이지만, 여기서 제가 말하는 것은 평균적인 국민의 경제적 풍요가 바로 국부(國富)에 의해 제약받는다는 것이지요.

여러분들 핸드폰 하나씩은 다 가지고 있을 거에요. 요즘은 컴퓨터인지 전화인지 헷갈리는 스마트폰도 많이 갖고 있더군요. 너무 편리하고 좋지요? 그런데 세계 많은 나라의 젊은이들은 여러분들처럼 핸드폰을 갖고 있지 않답니다.

스마트폰
기존의 휴대 전화에 인터넷과 정보 검색 등 컴퓨터의 기능을 추가한 지능형 단말기를 말합니다. 사용자가 원하는 응용 프로그램을 설치하고 추가, 삭제가 가능하지요.

아프리카 젊은이들이라고 여러분들처럼 핸드폰을 갖고 싶지 않겠어요? 갖고 싶어도 가질 수 없는 것이지요. 그러면 여러분들은 아프리카 젊은이와 무엇이 다르기 때문에 핸드폰을 가질 수 있을까요? 여러분들이 그들보다 더 열심히 일하고, 저축을 많이 했기 때문인가요? 그러한 이유 때문이라면 쉽게 받아들이기 어렵네요.

여러분들이 다른 나라 젊은이들 누구와 비교하여도 훨씬 더 열심히 공부하고, 저축도 많이 하는 점은 인정할 수 있지만, 그렇다고 다른 나라 젊은이들이 열심히 살지 않는다고 말하기는 어려울 테니까요.

아, 본인이 산 게 아니라 여러분들 부모님이 사주신 거라고요? 그런데 그 이유도 마찬가지입니다. 여러분들의 부모님이 다른 나라 부모님보다 훨씬 더 열심히 일했기 때문에 여러분들이 핸드폰을 갖고 있다고 생각하세요?

물론, 여러분들의 부모님은 세계 어느 나라의 부모님보다 어려운 환경에서 열심히 일하고, 허리띠를 졸라 맬 정도로 저축도 많이 한 분들일 것입니다. 그렇지만 이것으로도 충분한 설명이 되지 못합니다. 아프리카 부모들도 가족을 굶기지 않으려고 들로 산으로 다니며 누구 못지않게 열심히 일하고 있기 때문이죠. 그런데도 그들은 핸드폰은커녕 끼니도 제대로 해결하지 못하고 있답니다.

왜 이런 차이가 날까요?

왜냐하면 여러분들의 국가가 아프리카 국가보다 훨씬 부자 나라이기 때문입니다. 여러분들이 살고 있는 한국의 국부가 여러분들 모두에게 핸드폰을 쥐어줄 정도로 크기 때문이라는 것이지요. 북한 동

교과서에는

북한 경제는 1970년대 초반까지만 해도 경제 규모, 산업 구조, 생활수준이 남한과 비슷했지요. 그러나 남한이 경제 발전을 거듭하는 동안 북한은 경제 성장이 멈추거나 오히려 후퇴하는 현상이 나타났습니다.

말리

아프리카의 사하라 사막의 서쪽에 있는 나라로 프랑스의 지배에 있다가 1960년 말리 공화국으로 독립하였습니다.

포들이 나태해서 가난을 벗어나지 못하는 것이 아닙니다. 아무리 열심히 일해도 북한의 국부가 충분치 않기 때문에 가난에서 벗어날 수 없는 것입니다. 국가의 부 즉, 국부는 우리 삶의 모습을 결정하는 중요한 요인 중 하나입니다.

지구상에 존재하는 수많은 국가들의 생활 수준은 그야말로 천차만별입니다. 영국과 말리의 평균적인 가정의 살림살이를 살펴볼까요? 자세히 살펴보니 영국의 가정에는 컴퓨터, 식기세척기, 플루트, 자동차 등 없는 것이 없네요. 21세기 문명을 충분히 즐길 수 있어 보입니다.

이와는 대조적으로 말리의 가정에는 토기 수준의 몇몇 그릇을 제외하고는 변변한 가재도구도 없어요. 인간의 존엄성을 지키며 살기도 어려워 보입니다.

영국과 말리

선진국과 후빈국의 살림살이 비교

	영 국	말 리
1인당 국민 소득	$30,800	$1,000
평균 수명	78세	41세
문맹률	1%	54%

　살림살이만 차이 나는 것이 아닙니다. 부유한 나라의 국민일수록 안전한 주택에서 영양 좋은 음식을 충분히 먹으며 건강하게 오래 살 수 있습니다. 이런 차이를 나타내는 대표적 지표가 1인당 국민 소득인데, 미국, 일본, 독일 등 선진국의 1인당 평균 소득은 인도, 인도네시아, 나이지리아 같은 후진국 평균 소득의 10배가 넘을 정도로 큰 차이를 보이고 있답니다.

교과서에는

인도는 넓은 국토와 경제적 목적에 사용 가능한 자원, 그리고 많은 인구를 가지고 있으면서도 경제 수준이 매우 낮습니다.

　이번에는 국가 간 비교가 아니라 1905년과 2011년의 서울 모습을 비교해 볼까요. 천지가 개벽할 정도로 크게 발전하였습니다.

　여러분들 이런 발전상을 보고 어떤 생각이 드세요? 기적이라는 생각이 들지 않으세요? 어쩌면 여러분들은 한국 경제가 이미 발전한 후에 태어났기 때문에 현재의 모습을 당연하게 받아들일지도 모르겠습니다. 그러나 절대 당연한 결과가 아닙니다.

　불과 50여 년 전만 해도 한국은 현재의 파키스탄, 인도, 방글라데시와 크게 다르지 않았습니다. 한국은 지난 50여 년 동안 세계가 깜짝 놀랄만한 경제 성장을 일궈내 현재와 같은 모습이 된 것입니다.

1950년의 서울과 2011년의 서울

그런데 이런 변화가 모든 나라에서 일어날 수 있는 일은 절대 아니라는 점을 잊지 말아야 합니다.

파키스탄, 인도, 방글라데시와 같은 나라들의 지난 100여 년 동안 연평균 성장률은 1%도 채 되지 않습니다. 특히, 방글라데시의 연평균 성장률은 0.08%에도 미치지 않았습니다. 방글라데시의 삶의 모습은 100년 전이나 지금이나 크게 달라지지 않았지요. 한 마디로 변함이 거의 없는 모습입니다. 방글라데시뿐만 아닙니다.

얼마 전 오바마 미국 대통령은 자신이 태어난 1961년의 케냐는 한국보다 앞선 나라였는데, 50년이 지난 지금은 완전히 뒤바뀌어 두 나라의 경제는 하늘과 땅 만큼 차이가 난다고 케냐 지도자들에게 일깨워주며 왜 이런 차이가 생겼는지에 대해 고민해야 한다고 지적했습니다. 그렇습니다. 어떤 나라도 이루어내지 못한 발전입니다. 한국 경제가 일궈낸 결과를 세계가 한강의 기적이라고 치켜세워도 전혀 이상한 일이 아닙니다.

　자, 오바마 대통령이 던진 질문을 우리도 함께 고민해 보죠. 어떻게 경제 발전의 차이를 설명할 수 있을까요? 한국이 방글라데시나 케냐에 비해 무엇을 잘 해서 기적을 일구어 냈을까요? 가난한 후진국들은 어떻게 해야 빈곤에서 벗어날 수 있을까요? 선진국은 어떻게 높은 생활 수준을 계속 유지할 수 있을까요? 궁금한 질문이 한두 가지가 아니지요. 이런 질문들보다 중요하고 절박한 질문은 없을 것 같습니다. 왜냐하면 먹고 사는 문제이기 때문입니다.

　1995년 노벨 경제학상을 수상한 바 있는 시카고 대학의 로버트 루카스(Robert Lucas Jr.,) 교수는 이들 질문의 중요성에 대해 "이러한 질문들이 인류의 복지에 미치는 영향은 실로 엄청나다. 여기에 대해 생각하기 시작하면 다른 생각을 하기 어렵다"라고 고백했다고 하더군요.

　맞습니다. 가난은 무서운 것입니다. 가난은 인간성을 파괴하기도 합니다. 방글라데시의 경제학자인 무하마드 유누스(Muhammad Yunus)는 자신의 조국이 직면한 빈곤에 대해 다음과 같이 썼더군요.

로버트 루카스

미국의 경제학자로 정부의 강제적인 경제 개입을 줄여야 한다고 주장한 「합리적 기대 이론」 연구의 업적으로 노벨 경제학상을 받았습니다.

무하마드 유누스

은행가이자 대학 교수로 1983년에 그라민 은행을 만들어 방글라데시의 빈민들에게 담보 없는 소액 대출 운동을 전개하였습니다. 이러한 빈곤 퇴치에 기여한 공으로 2006년 그라민 은행과 함께 노벨 평화상 공동 수상자로 선정되었습니다.

　"사람이 죽는 데에도 여러 방식이 있지만, 굶어서 죽는 것처럼 끔찍한 죽음은 존재하지 않는다. 사람이 굶어 죽는다는 것은 죽음이 매초 매초마다 조금씩 다가와, 결국은 삶과 죽음의 경계가 없어지는 것을 말한다. 어느 한순간 삶과 죽음은 서로 구분할 수 없는 지경에 이르러, 땅바닥에 서로 껴안은 채 웅크리고 있는 어머니와 자식이 우리와 같은 세상 사람들인지 아니면 이미 다른 세상으로 떠났는지 알 수 없게 된다. 죽음은 너무도 조용히 다가와, 과연 언제가 그 때인지 알기가 힘들다."

가난에서 벗어나고 더 나아가 풍요로운 삶을 추구하는 일보다 더 중요하고 절박한 일은 없어 보입니다. 사실 경제학은 바로 빈곤 타파로부터 생겨난 학문이라고 해도 지나친 말이 아닙니다. 왜냐하면 경제학은 근본적으로 부(富)는 어떻게 창출되고, 어떻게 배분되는가를 밝히는 학문이라고 정의할 수 있기 때문입니다.

국부를 지속적으로 증가시키고 이를 공정하게 나누어 갖는 일이 곧 사람들을 빈곤에서 구제하고 더 나아가 삶을 풍요롭게 하는 길입니다. 사실 저를 경제학의 아버지로 만들어 준 『국부론』의 주제도 바로 이것들이었습니다. 저는 국부론을 통해 다음과 같은 두 가지 질문에 대한 답을 찾으려고 했습니다.

하나는 '어떻게 하면 국민을 풍요롭게 할 수 있을까?'이고, 또 하나는 '시민 사회의 안정을 유지하기 위해 필요한 국가의 재원은 어떻게 확보할 수 있을까?'의 문제였습니다.

오늘부터 몇 시간에 걸쳐 여러분과 함께 "국부는 무엇인가?", "국부는 어떻게 창출되는가?", "국부는 어떻게 증대시킬 수 있는가?"라는 질문에 대한 답을 찾아보도록 하겠습니다.

국부의 정의

모노폴리 게임에서 경제를 보다

여러분들 모노폴리라는 보드게임 아시나요? 모노폴리는 가상(假象)의 경제에서 사람들이 $20,580를 공평히 나누어 가진 후, 주사위 두 개를 굴려 나온 수만큼 전진하여 도착한 칸의 지시대로 돈 거래를 하고 그 돈으로 부동산을 사거나 경매를 통해 자신의 부동산을 늘려나가는 보드게임입니다.

보드게임 모노폴리

이 게임은 거래되는 상품이 부동산 하나라는 점을 제외하면 사람들끼리 매일매일 거래해 가며 자신의 부를 증가시키려고 애쓰는 실제 경제의 모습과 크게 다르지 않습니다.

모노폴리 게임에 참가한 사람들이 부자가 되는 방법은 무엇입니까? 당연히 돈을 많이 끌어 모으는 것입니다. 모노폴리 경제에서 내가 갖게 될 부동산의 몫은 가지고 있는 $20,580 중에서 내가 가지고 있는 돈의 비율 만큼입니다. 예를 들어, 내가 $10,290을 갖고 있다면 전체 부동산에서 $\frac{1}{2}$만큼이 내 것이 되는 것입니다. 그러니까 모노폴리 경제에서 돈을 많이 끌어 모은 사람은 분명 부자가 됩니다.

그러면 모노폴리 경제 전체의 입장에서 보면 어떻습니까? 모노폴리 경제에서 한 사람이 돈을 많이 끌어 모아 부자가 되면, 분명 누군가는 돈을 잃고 가난하게 됩니다. 왜냐하면 경제 전체가 가지고 있는 부동산의 크기가 고정되어 있기 때문이지요. 게임에 참가한 사람들에게 돌아가는 부동산의 몫은 변동하더라도 전체 부동산의 크기는 증가하지 않는다는 것이지요. 그러니 모노폴리 국가 전체로 보면, 돈만 쌓인다고 부국이 되지는 않습니다.

모노폴리의 국가 판돈이 10배 늘어 $205,800가 되어도, 여전히 국가 전체가 소유한 부동산이 늘어나지 않는 한, 국부는 증가하지 않는다는 것이지요. 모노폴리 국가가 부유해지기 위해서는 새로운 부동산이 추가되는 길밖에 없습니다.

실제 경제도 모노폴리 게임과 크게 다르지 않습니다. 각 개인이 부를 축적하는 과정은 모노폴리 게임과 크게 다르지 않습니다. 실제 경제에서 어떤 사람이 부자일까요? 돈을 많이 갖고 있는 사람이 부자인가요? 맞는 말일 수도 있고 그렇지 않을 수도 있습니다. 자세히 살펴볼까요?

사람들은 대부분 많은 돈을 갖고 싶어 합니다. 하지만 곰곰이 따져 보면 우리가 원하는 것은 돈 자체가 아닙니다. 돈으로 살 수 있는 상품인 것입니다. 궁극적으로 우리를 행복하게 만드는 것은 돈 자체가 아니라 소비라는 말입니다. 따라서 사람이 부유하거나 가난하다는 것은 다양한 상품을 얼마나 많이 구매(購買)하여 소비할 수 있는가에 달려 있습니다. 당연히 다양한 상품을 많이 구매할 수 있는 능력이 많을수록 부자지요.

상품을 구매할 수 있는 능력 즉, 구매력을 결정하는 것은 다름 아닌 돈입니다. 따라서 개인의 입장에서 당연히 돈이 많아지면 그만큼 더 많이 소비할 수 있기 때문에 부자가 된다고도 할 수 있습니다.

　조금 더 살펴 볼까요? 아무런 조건 없이 단순히 내 주머니에 돈이 많아지기만 하면 정말 부자가 되는지를 좀 더 따져봅시다. 우리 집에 돈이 2배로 늘어나면 곧바로 2배로 부자가 될 수 있느냐의 문제입니다. 과연 그럴까요? 우리 집 재산이 2배로 늘어났지만 모든 상품 가격도 똑같이 2배 증가했다면 이야기는 달라집니다. 비록 우리 집 재산이 2배 늘어났다고 하지만 상품 가격도 2배 증가했다면 늘어난 돈으로 소비할 수 있는 몫은 그대로일 테니 절대 부자가 된 것이 아닙니다. 부의 증가는 소비할 수 있는 가능량이 증가하는 현상이지 단순히 돈이 증가하는 현상이 아니기 때문입니다.

그러면 개인 입장에서 돈이 많아지면 부자가 된다는 것은 틀린 말인가요? 아주 틀린 말은 아닙니다. 다만 몇 가지 조건이 생략되어 있기는 합니다. 이 말은 상품 가격이 고정되어 있거나 최소한 상품 가격의 증가율보다 내 돈의 증가율이 많아질 때 부자가 된다는 뜻입니다. 이렇게 되면 증가한 돈으로 구입할 수 있는 나의 소비 가능한 몫이 커지기 때문에 그만큼 부자가 되는 것입니다.

현실적으로 한 개인이 돈을 좀 많이 갖게 되었다고, 물가가 급등하는 일은 좀처럼 없기 때문에 일반적으로 개인의 입장에서는 돈을 많이 모으면 그만큼 부자가 된다고 해도 크게 틀리는 말은 아닙니다.

금본위제 – 돈은 금이다!

자, 이번에는 국가 전체의 입장에서 부를 정의해 볼까요? 국가는 개인처럼 돈이 많다고 부국이 되지 않습니다. 돈이 많다고 부자 나라가 될 수 있다면, 가난한 나라가 있을 턱이 없습니다. 나라마다 돈을 막 찍어내면 되니까요.

잊지 마세요. 돈은 거래를 쉽게 하기 위한 수단에 불과합니다. 종잇조각에 불과한 돈 자체는 가치가 없다는 이야기지요. 그러니 가치가 없는 것을 아무리 많이 찍어 가진들 부국이 될 턱이 없겠지요. 그러면 금이 돈이라면 즉, 돈이 자체적으로도 가치를 갖는다면 돈을 많이 축적하면 부국이 될 수 있을까요? 이 문제는 좀 따져보아야 하겠네요.

현재 사용하는 돈은 각 나라의 중앙은행에서 필요에 따라 찍어
내는 것으로 돈 자체의 가치는 없지만, 불과 40여 년 전까지만 해도
세계의 주요 화폐는 언제든지 금으로 바꿀 수 있는 소위
태환(兌換) 화폐였습니다.

미국 달러와 금과의 교환 비율을 금 1온스(28.35g에
해당)에 35달러로 고정시켜 놓고, 다른 나라 돈들은 미
국 달러와 교환 비율을 고정시켜 놓았기 때문에 모든
주요 통화는 언제든지 일정 비율로 금과 교환될 수 있
었습니다. 다시 말해, 돈은 곧 금이었습니다. 돈은 거래
를 할 수 있는 교환 수단 이외에 금으로서의 가치도 갖
고 있었다는 말입니다. 이렇게 달러를 중심으로 각 화폐
의 교환 비율을 정해놓은 체제가 국제 통화 기금(IMF,
International Monetary Fund) 체제입니다.

이 IMF체제는 한 동안 잘 유지되어 오다가, 미국이
1960년대 중반부터 베트남 전쟁을 치루기 위해 달러를
너무 많이 찍어 내면서 문제가 발생했습니다. 무엇이든
너무 많아지면 가치가 떨어지는 법이지요. 시중에 달러
가 흔해짐에 따라 달러의 가치 하락을 우려하게 되었습
니다. 다시 말해, 35달러가 금 1온스로 교환되지 않을
수도 있다는 우려가 확산되었습니다. 가치 하락이 예상
되는 달러를 그냥 가지고 있을 만큼 어리석은 사람은 많지 않습니

태환 화폐
지폐를 그 나라에서 쓰이는 화폐
로 바꿀 수 있는 화폐를 말합니
다. 금을 주로 쓰는 나라에서는
금화로 은을 주로 쓰는 나라에서
는 은화 등으로 바꿀 수 있으며
각 나라의 시세에 상관없이 국제
적으로 유통되었습니다.

국제 통화 기금
1997년 12월 3일 IMF 구제금
융사건으로 알려진 IMF는 환율
과 국제 수지(收支)를 감시함으
로써 국제 금융 체계를 감독하는
것을 위임받은 국제기구입니다.
회원국의 요청이 있을 때는 기술
및 금융 지원을 직접 제공하기도
하고 본부는 미국 워싱턴에 있습
니다.

교과서에는

중앙은행이 발행한 현금은 은행
들을 통해 가계나 기업에게 돌아
갑니다. 이처럼 중앙은행이 화폐
발행을 늘리면 민간의 보유 현금
이 늘어나 통화량이 증가하지요.

다. 달러 가치가 떨어지기 전에 빨리 금으로 바꿔 놓는 것이 상책이 겠지요.

달러를 금으로 교환(금 태환)하려는 요구가 늘어났습니다. 당연히, 미국 연방준비은행(FRB, Federal Reserve Bank)의 금재고 가 바닥을 드러낼 위험에 처하게 되어 더 이상 달러를 금 으로 교환해 줄 수 없는 지경까지 이르게 됩니다. 급기 야 1971년 8월 15일 미국 닉슨 대통령은 "앞으로 달러를 아무리 가지고 와봐야 금으로 바꾸어 주지 않는다."라고 선언하게 되었습니다. 조금 어려운 말로 달러의 금 태환 중단을 선언하게 된 것이지요. 금본위 제도가 무너진 것 입니다. 이때부터 돈은 더 이상 금이 아니게 된 것이지요.

연방준비은행
미국의 중앙은행으로 지폐(은행 권)를 발행하는 발권은행로 우리 나라의 한국은행과 같은 기능을 담당하고 있습니다. 현대에 이르 러서는 세계의 거의 모든 나라에 서 지폐의 발행이 중앙은행에서 담당하고 있기 때문에 발권은행 은 곧 중앙은행을 말합니다.

그렇다면, 돈과 금이 동일시 되던 1971년 이전에는 돈 즉, 금을 많 이 갖고 있으면 부자 나라가 될 수 있었을까요? 이것도 아닙니다. 부 자 나라가 되는 길이 금을 많이 갖고 있는 것이라면, 우리는 다른 일 을 다 제쳐두고 금광만을 찾아다니거나 무엇이든 다 갖다 주더라도 다른 나라로부터 금을 들여오면 부자 나라가 될 것입니다. 과연 그 럴까요. 절대 그렇지는 않습니다. 부자가 된다는 것은 소비를 많이 할 수 있게 된다는 뜻이라는 점을 잊지 마세요.

한 개인의 소득이 지출보다 많으면 금고에 돈이 쌓이듯이, 한 나 라의 수출이 수입보다 많으면 돈(=금)이 늘어나게 됩니다. 현재도 수입보다 수출을 많이 하면 그만큼 국내의 달러 보유량이 늘어나는 것과 같은 이치입니다. 그러면 국가 전체적으로 금의 양이 늘어나면

(요즘으로 말해 달러가 늘어나면) 그만큼 국내 소비 가능량이 증가할까요? 잘 따져보세요. 국내로 들어온 금은 공짜로 얻은 것이 아닙니다. 수입보다 수출을 많이 해서 얻게 된 것입니다. 100만 원어치 수출하고, 50만 원어치 수입하면 그 차액인 50만 원에 해당하는 금을 얻게 되는 것입니다.

수출은 우리가 생산한 상품을 외국 사람이 소비하는 것입니다. 반면 수입은 외국 사람이 생산한 상품을 우리가 소비하는 것이고요. 그러니까 수출이 수입을 초과했다는 말은 우리나라 사람들이 생산한 양보다 덜 소비를 했다는 말입니다. 다시 말해, 수출이 수입을 초과한 만큼 국내 소비가 줄어든다는 뜻입니다. 물론 늘어난 금을 가지고 외국상품을 사다 소비할 수는 있지요. 그러나 그 소비량도 수출이 수입을 초과한 양 만큼입니다. 그러니까 국내 소비 가능액은 국내 생산액을 초과할 수 없다는 이야기지요.

그러면 금을 수출, 수입과 같은 정상적 거래가 아니라 외국에서 약탈해 오면 어떻게 될까요? 도둑질을 해서 얻는 금은 수출입을 통해서 얻은 금과 달리 국내 소비를 줄이지 않고도 얻은 것이니까 일단은 국부에 도움이 될 수 있습니다. 도둑질해서 얻는 금을 가지고 다른 나라에서 생산된 것을 사들여 소비를 증가시킬 수 있으니까요. 그러나 이것도 단기적으로는 가능할지 몰라도 계속될 수 없습니다. 여기에 해당하는 좋은 예가 스페인과 포르투갈의 사례입니다.

16,7세기 과거 스페인과 포르투갈은 해양 왕국으로

교과서에는

신항로의 개척 이후 포르투갈과 에스파냐는 다투어 식민지를 건설하였습니다. 포르투갈은 브라질을 식민지로 삼았고, 아시아에서 향신료 무역을 독점하였지요.

서 많은 식민지를 거느리고 있던 나라입니다. 이 나라들은 식민지로부터 엄청난 금을 가져왔습니다. 두 나라는 쌓여 가는 금과 함께 국부도 증가하는 줄 알았습니다. 하지만 두 나라는 유럽에서 가장 가난한 나라가 되고 말았답니다. 어찌된 영문이냐고요? 한번 들어 보세요.

사람들은 금이 크게 늘어났으니까 부자가 되었다고 생각했겠지요. 당연히 늘어난 금으로 이것저것 사려고 들면서 수요가 폭발적으로 늘어났습니다. 여기서 두 나라에 금의 양만 늘어났지 생산 능력이 향상된 것은 아니라는 점을 명심하세요. 다시 말해 공급량이 증가하지 않았다는 이야기지요.

이렇게 공급량이 늘어나지 않은 상태에서 수요만 늘었으니 가격이 급등하는 것은 당연한 이치입니다. 게다가 금은 어떤 나라에서도 통용되는 화폐였기 때문에 군이 가격이 비싸진 국내에서 상품을 구입할 이유가 없었습니다. 두 나라 사람들은 금을 가지고 다른 나라에 가서 상품을 사오기 시작했습니다. 결과적으로 스페인과 포르투갈의 국내 산업은 오히려 후퇴하기 시작해 국내 생산액이 쪼그라들어 결국 가난한 나라가 되었습니다.

스페인과 포르투갈의 예로부터도 알 수 있듯이, 국내 생산력의 증가가 뒷받침되지 않으면, 금궤가 아무리 많이 쌓여간다고 부자 나라가 되는 것이 아닙니다. 쌓아둔 금 궤짝들이 쌀가마니로 항상 바뀌는 것이 아니기 때문입니다.

저는 국부론의 서론에서 국부를 '한 나라가 매년 소비하는 모든 생활필수품과 편의품'이라고 정의했습니다. 또 다른 정의로는 '한 나라의 토지와 노동으로부터 얻는 연간 생산물'이라고도 했지요. 사실 둘 다 같은 말입니다. 앞서도 설명한 바와 같이 한 나라의 소비는 궁극적으로 생산을 초과할 수 없기 때문입니다. 다시 말해 한 국가의 부란 국민들이 얼마나 많이 소비할 수 있는가에 달려 있다는 이야기지요.

중상주의의 국부에 대한 오류

제가 살던 18세기 유럽 중상주의 시대에는 국부 증진을 금의 축적과 동일시하여 경제 정책이 금을 끌어 모으는데 초점이 맞추어지

15세기부터 18세기 후반에 자유주의 시장 경제에 이르기까지의 서유럽에서 채택한 경제 정책과 경제 이론을 말합니다. 절대 왕정은 국민이 잘 사는 것보다는 먼저 국가가 부강해야 한다는 생각으로 정책을 펴 나갔습니다. 이를 위해 국가가 직접 나서서 국내 산업을 육성하고 보호하여 수출을 늘리고 수입은 줄이는 정책을 말합니다.

명예혁명

1688년 영국에서 일어난 시민혁명을 말합니다. 유혈 사태가 없었기 때문에 이런 명칭이 붙게 되었지요.

엘리자베스 1세

잉글랜드의 여왕(재위 기간: 1558~1603)으로 국교의 확립을 꾀하고 종교적 통일을 추진하였으며 금과 은의 가치를 일정하게 하여 화폐 제도를 통일하고 중상주의 정책을 펼쳤습니다.

관례

예전부터 행해졌던 일들이 일반적인 예로 인정받아 하나의 질서로 굳어진 것을 말합니다.

기도 했답니다. 사실 중상주의(mercantilism)란 용어는 제가 처음 사용하였습니다. 영국은 1688년, 명예혁명(Glorious Revolution, 名譽革命) 이후에도 여전히 귀족과 관료의 힘이 강했습니다.

중상주의자들은 국가의 부를 축적된 금은의 양으로 생각했습니다. 그러다 보니 중상주의 시대의 경제 정책은 금은을 끌어 모으는데 초점이 맞춰져 있었다고 말해도 지나치지 않습니다. 극단적으로 금과 은을 끌어 모으려는 정책을 중금(重金) 정책이라고 하기도 하는데, 1533년부터 1603년 사이의 엘리자베스 1세(Elizabeth 1) 때 절정을 이루었습니다.

엘리자베스 1세가 얼마나 금은에 집착했는지를 알 수 있는 역사적 일화가 하나 있습니다.

은을 가득 실은 스페인 함선이 태풍을 피해 영국의 항구로 피난한 적이 있었습니다. 이 때 엘리자베스 1세는 당시 국제적 관례(慣例)를 무시하고 이것을 불법 입국이라 하여, 배 안에 실려 있던 은을 모조리 압수했습니다. 당시만 해도 항해 중인 선박이 태풍을 피해 가까운 외국의 항구로 긴급 피난하는 것은 불법 입국이 아니라는 관례가 국제적으로 이미 인정되고 있었음에도 불구하고 이러한 조치를 취했던 것입니다. 결국 이 사건은 스페인과 영국 간의 전쟁 원인이 되었습니다.

토마스 먼(Thomas Mun)은 한 국가의 부를 금과 은과 같은 재물과 동일시하며 자신의 저서 『외국 무역에 의한 영국의 재화England's Treasure by Foreign Trade』에서 "우리의 재산과 재물을 늘리는 정상적인 수단은 무역이

토마스 먼
영국의 경제 이론가로 국부를 증대시키는 것은 무역이라고 주장하며 중상주의의 경제 이론을 종합 발전 시켰습니다.

다. 여기서 지켜야 할 준칙은 우리가 이방인에게서 사서 쓰는 것보다 더 많은 가치를 그들에게 파는 것이다."라고 주장했습니다. 다시 말해 수입보다 수출이 많으면 그 차액만큼 국내로 금은보화가 들어와 부유해진다는 뜻입니다. 아마도 토마스 먼은 한 나라가 부유해지는 원리와 한 개인이 수입과 지출의 차이만큼 부유해지는 원리가 같다고 잘못 생각한 것 같습니다.

국부를 금은보화와 같은 재물로 정의하면, 금광을 가지고 있는 국가는 항상 부유해야지요. 금광이 없는 나라는 어쩔 수 없이 금, 은을 외국에서 들여와야 할 테니 누군가로부터 뺏지 않는다면 반드시 무역을 통해 가능하겠지요. 그러니 토마스 먼은 무역을 국부를 늘리는 수단으로 보았을 겁니다.

수출이 수입을 초과하면 돈(금, 은)이 들어오는 사실은 맞습니다. 모든 거래에는 두 가지 서로 다른 방향의 흐름이 있습니다. 한 방향은 상품이 진행하는 흐름이고 그 반대 방향으로 돈이 흘러갑니다. 쉽게 말해 모든 상품은 공짜로 사고팔지 않는다는 것이지요. 그러니 수출이 수입을 초과했다는 말은 한편으로는 상품이 국내로 들어온 것보다 더 많이 밖으로 나갔다는 이야기이고, 반대로 그만큼의 돈 (금)이 국내로 더 들어 왔다는 이야기가 되지요.

결과적으로 국내에 돈은 많아졌을지 모르지만, 국가 전체의 소비는 줄어들 수밖에 없지요. 국가 전체의 소비 수준이 증가하지 않는 한, 국부가 늘어나지 않는다는 사실은 앞에서도 여러 차례 강조했습니다.

재물과 국부를 동일시한 것은 토마스 먼만이 아닙니다. 존 로크(John Locke)도 같은 생각이었죠. 그는 금과 은은 국가의 부 중에서 가장 중요한 부분이기 때문에 금과 은을 늘리는 것은 한 국가의 위대한 목표가 되어야 한다고 주장했습니다.

실제로 중상주의 시대의 국가들이 금은을 축적하기 위해 다양한 정책을 실시했습니다. 이들 정책은 대강 세 가지 정도로 나눌 수 있을 것 같습니다.

첫째, 국가는 왕실에 충성을 다하는 소수에게 독점권, 특허권, 보조금, 기타 특혜를 부여하고 이들로부터 금과 은을 모았습니다. 복잡하게 여러 사람을 통해 금은을 끌어 모으는 방법보다, 소수에게 특혜를 주고 이들을 통해 금은을 축적하는 방법이 국가 입장에서 보면 훨씬 효율적이라고 생각했던 것입니다.

둘째, 국가는 귀금속과 원료를 얻기 위해서 식민지 확보에 주력했습니다. 무역을 통해 모든 국가가 잘 살 수 있다는 사실을 깨닫지 못하고 식민지를 금은의 공급처 정도로만 생각했던 것입니다.

셋째, 국가는 무역에 참여하여 완제품의 수출량이 수입량을 초과하도록 제재를 가해야 한다고 주장했습니다. 금은의 축적은 무역 차액에 의해서 형성된다고 믿었기 때문에 무역 흑자를 국가적 과제로 삼고 강력한 정부 주도의 통제를 시행했습니다.

그러면 토마스 먼이나 존 로크가 저보다 머리가 나빠서 국부를 금은보화와 동일시하는 잘못을 저질렀을까요? 그렇지 않습니다. 그들은 누구 못지않은 당대의 천재 사상가들이었죠. 나와 중상주의자들과의 견해 차이는 누구를 경제 주체로 보느냐 하는 관점의 차이에서 비롯된 것입니다.

내가 국부론을 세상에 내 놓기 전, 중상주의자들이 주도하는 정치경제학의 관심은 온통 국가 재정을 어떻게 운용할 것인가, 즉, 국가관료, 무역상인, 은행가 그리고 그들에게 투자하는 국왕과 귀족 계급의 이익을 위해 경제를 어떻게 운용할 것인가에 집중되었다고 해도 과언이 아닙니다.

여기서 중상주의자들이 말하는 국가는 왕실 그 자체였습니다. '왕실의 부가 곧 국부'라고 생각했던 겁니다. 일반 시민들의 부는 애초부터 관심의 대상이 아니었던 것 같습니다. 왕실 입장에서 보면 화폐(=금은)가 바로 '부'라고 생각할 수 있을 겁니다. 왕실은 잔뜩 모아둔 금은으로 필요한 물품들을 얼마든지 구입할 수 있기 때문이지요. 왕실은 금만 있으면 무엇이든 살 수 있습니다. 그러나 국가 전체의 생산량이 늘어나지 않은 채 왕실의 몫만 증가하면 누군가의 몫은 반드시 줄어들게 마련입니다.

왕실도 국가 전체 속에서 보면 한 개인과 크게 다르지 않습니다.

그러니 국가 전체의 생산량이 증가하지 않아도 왕실 금고의 금은보화가 늘어나면 왕실은 부유하게 될 수 있습니다. 하지만 누군가는 그 만큼 가난해질 수밖에 없는 것입니다.

나는 『국부론』을 통해 중상주의자들의 생각을 근본적으로 뒤흔들어 놓았습니다. 나는 국가의 경제 주체를 국왕과 귀족에서 경제 젠트리(gentry)계층과 요맨(yeoman)계층 등의 중산 계급 또는 새로운 사업을 시작하는 생산 계층 등으로 바꾸어 놓았습니다. 사실 이런 주장은 당시에는 매우 급진적인 생각이었습니다. 요즘은 나를 보수주의자들이 많이 따르는 것 같은데요. 내가 살던 18세기에 나는 보수는커녕 급진주의자에 가까웠답니다.

젠트리와 요맨
젠트리란 신분을 나타내는 용어로, 귀족의 아래이고 요맨의 윗계층으로서 지주가 그 중심을 이루었습니다. 또한 도시인이나 그밖의 사람으로 토지를 매입해서 지주가 된 사람도 포함했습니다. 요맨은 젠트리와 영세농 사이에 위치한 중산 농민을 말합니다.

나에게 경제학은 어떻게 하면 사회가 생산적으로 작동할 수 있는가를 탐구하는 학문이었습니다. 국왕과 귀족의 경제적 풍요를 뛰어넘어 사회 전체의 경제적 번영을 이루기 위한 제도에 관심을 가졌던 것입니다. 나는 중상주의자들이 갖고 있는 국부의 개념부터 바로 잡았습니다.

"금과 은이 교환 수단이자 가치 척도인 것은 사실이지만, 한 나라가 그것을 유효 수요 이상 보유하는 것은 가능하지도 않거니와 그럴 필요도 없는 일이다. 한 나라에 금과 은이 유효 수요보다 많으면 어떻게든 빠져나가게 마련이다. 반면 유효 수요보다 적으면 쉽사리 들어오게 되어 있다. 따라서 금과 은을 늘리는 것을 한 나라 정치 경제의 목표로 삼을 이유도 없으며 목표로 삼는다 한들 이룰 방법도 없다."

앞에서도 수차례 말씀드린 것처럼, 국가의 부는 국가가 소유한 금은의 양이 아니고 그 국가에서 생산된 노동생산물 전부의 가치가 되어야 합니다.

가끔 돈(금)이 부족하지 않느냐고 우려하는 분들도 있습니다. 하지만 돈이 부족하다는 불평처럼 흔한 불평은 없는 것 같습니다. 돈은 포도주와 마찬가지로 그것을 살 만한 자금적 여유도 없고 그것을 빌릴 정도의 신용도 없는 사람에게는 언제나 부족한 것이 당연합니다. 금도 제 가격만 치루면 얼마든지 시장에서 구매할 수 있는 상품이란 점을 잊지 말아야 합니다. 물론 가격은 다른 상품과의 교환 비율입니다. 따라서 굳이 금으로만 가지고 있을 필요가 없습니다. 다른 상품들을 많이 갖고 있다면 필요할 때 얼마든지 돈(금)을 구입할 수 있기 때문입니다. 포도주를 필요 이상 보관할 필요가 없듯이 돈(금)도 필요 이상 쌓아 둘 필요가 없다는 말입니다.

물론 사람들은 상품보다는 돈을 갖고 있으려고 합니다. 왜냐하면 상품으로 돈을 구입하는 것보다 돈으로 상품을 구입하는 것이 더 쉬울 뿐만 아니라 우리의 최종 목표는 상품의 소비에 있기 때문이지요. 하지만 이것은 부가 본질적으로 돈이기 때문이 아니고, 돈은 널리 통용되는 교환의 매개 수단이어서 돈을 가지고 무엇이든 쉽게 교환할 수 있기 때문입니다. 이런 이유로 너도나도 돈을 가지려고 애쓰는 것입니다. 돈 자체가 부를 창출하기 때문이 아니라는 이야기지요.

다시 한 번 결론지어 이야기하면 국부의 크기는 노동력을 얼마나 고용해서 얼마나 많은 산출물을 생산하느냐에 달려 있습니다. 생산에 참여하는 노동량, 즉 고용량과 노동 생산성이 국가 부의 원천이 된다는 말이지요.

오늘도 피죽 한 그릇으로 하루를 버텼다. 왜 우리는 이렇게 가난한 걸까?
— 말리 '방가'의 일기

엄마가 태블릿 PC를 사 주셨다. 열심히 영어 공부를 하라셨지만 난 게임이 더 기대된다.
— 영국 '마이클'의 일기

이것은 국부의 차이에서 오는 결과이지요.

가난이 뭔지…. 돈이 원수지!

돈이 많으면 부유해질테니까 돈을 찍어내서 나눠주면 되는 거 아닌가요?

돈을 나누어 드립니다.

돈을 아무리 많이 쌓아놓고 있어도 사탕 하나 값이 1억쯤 한다면 어떨까요? 부자가 된다는 건 소비를 많이 할 수 있게 된다는 뜻이지요.

신제품입니다!

사게어요 일시불!

$3,000

과거 금본위 시절 유럽의 강국인 스페인과 포르투갈도 네 생각처럼 금은을 많이 쌓으면 국부가 증가한다고 믿었지요.

우린 부자다!

그런데 늘어난 금만큼 생산력은 늘지 않아서 물가가 폭등했고 결국 두 나라는 쪽박을 찼지요.

사탕 하나 주세요.

어림없어 더 가져와.

아, 결국 국부의 원천은 돈이 아니라 생산력이구나!

국부 증대의 원인

18세기 유럽에서는 국부를 증진시킬 수 있는 방법으로 금을 축적하면 이룰 수 있다고 생각해 경제 정책의 우선 과제로 삼았습니다. 국부를 금과 은 같은 재물로 정의하면 금광을 가지고 있는 국가는 항상 부유해야 할 것입니다. 결국 이러한 국부는 국내 생산력의 증가, 즉 공급량이 증가하지 않는 상태에서 수요만 늘어나서는 결코 이룰 수 없습니다.

수능과 유명 대학교의 논술 연계

2010년도 수능(경제지리)4번

2009년도 수능(경제지리)9번

2008년도 서울대학교 수시모집 논술고사

2011년도 고려대학교 수시논술(인문계)

2011년도 고려대학교 논술문제

2009년도 성균관대학교 수시2 논술고사

국민총생산(GDP)

경제적 부는 근본적으로 생산 능력에 달려 있습니다. 다시 말해 부는 자연환경으로부터 원료를 가져다가 노동력을 통해 사람들이 원하는 그 무엇으로 변화시킬 때 창출됩니다. 따라서 부의 창출 비밀은 바로 생산 증가에 있습니다. 그렇다고 국가 전체의 생산이 증가했다고 국민 개개인의 풍요로움이 저절로 개선되는 것은 아닙니다. 국가 전체 생산 증가보다 인구가 더 많이 증가하면 한 사람에게 평균적으로 돌아올 몫은 오히려 줄어듭니다.

우리의 궁극적 목표는 국부 증가에 있는 것이 아니라, 국민 한 사람 한 사람의 경제적 풍요에 있습니다. 중국은 국가 전체의 생산량에 있어서는 미국에 이어 세계 2위 국가입니다. 하지만 중국을 부자 나라라고 생각하는 사람은 아직 없습니다. 왜냐하면 10억 명이 넘는 인구 때문에 1인당 몫은 여전히 선진국에 비해 턱없이 부족하기 때문입니다. 국가 전체의 생산보다 국민 1인당 생산이 더 중요하다는 이야기지요.

1인당 국민 소득은 국가 전체의 소득을 인구 수로 나누어 얻게 됩니다. 그런데 소득은 생산에서 비롯됩니다. 따라서 1인당 국민 소득을 한 명이 평균적으로 생산하는 가치로 해석할 수 있습니다. 결국 1인당 국민 소득은 국민 한 명이 평균적으로 얼마나 많이 생산할 수 있는가를 나타내는 지표입니다.

그러나 국민 전체가 모두 생산 활동을 하는 것은 아닙니다. 국민 중에는 일할 능력이 없는 어린아이, 노인들도 있고, 일할 능력은 있지만 놀고 있는 사람들도 있습니다. 당연히 생산에 참여하지 않는 사람들은 생산에 기여하지 않습니다. 따라서 1인당 국민 소득은 더 많은 사람이 생산 활동에 참여하고, 또 생산에 참여한 한 사람 한 사람이 더 많이 생산할 때 증가합니다.

즉, 한 명의 노동자가 얼마나 많이 생산할 수 있는가를 나타내는 노동 생산성과 생산 활동에 참여하는 사람들이 얼마나 많은가를 나타내는 고용 비율에 달려 있습니다.

$$\frac{Y}{N} = \frac{Y}{L} \times \frac{L}{N}$$

여기서 Y는 한 국가의 총생산 가치 즉, 요즘 개념으로는 국내 총

생산(GDP)과 같은 개념이고, N은 총인구, L은 생산에 참여한 인구 즉 노동 인구입니다. 그러니까 $\frac{Y}{N}$는 1인당 국민소득으로 해석할 수 있고, $\frac{Y}{L}$는 생산에 참여한 사람들이 얼마나 생산할 수 있는가를 나타내는 지표인 노동 생산성, 그리고 $\frac{L}{N}$은 총인구 중에서 얼마나 많은 사람이 생산 활동에 참여하고 있는가를 나타내는 지표인 고용 비율을 의미합니다.

국내 총생산
한 국가의 경제 상황, 즉 호황, 불황, 그리고 경제 성장을 진단하는 가장 중요한 지표를 말합니다. 국내 총생산은 일정 기간 동안 한 나라 내에서 생산된 최종 재화와 서비스의 시장 가치를 모두 합한 것을 말하지요.

결국, 1인당 국민 소득을 증가시키는 방법은 어떻게 하면 노동 생산성과 고용 비율을 높이는 방법으로 이해할 수 있습니다. 그러면 구체적으로 노동 생산성과 고용 비율을 높일 수 있는 방법은 무엇이 있을까요?

로빈슨 크루소 경제라고 일컫는 가상의 경제를 이용하여 찾아보겠습니다.

로빈슨 크루소(Robinson Crusoe) 경제는 로빈슨 크루소와 프라이데이(Friday) 둘이서 살아가는 2인 경제입니다. 로빈슨 크루소 경제의 생산물은 바다에서 낚싯대로 잡는 고기가 유일합니다. 로빈슨이나 프라이데이는 낚시질만 할 수 없습니다. 왜냐하면 낚싯대 손질도 해야 하기 때문입니다.

낚싯대 손질은 반나절이 걸립니다. 따라서 반나절은 낚싯대 손질에 쓰고, 나머지 반나절 동안 낚시질을 할 수 있습니다. 그런데 두 사람의 낚싯대 손질 기술은 같지만, 낚시 기술은 같지 않습니다. 로빈슨은 낚시 기술이 좋아 하루에 12마리를 잡을 수 있지만, 프라이데

이는 8마리 밖에 잡지 못합니다.

　자 이제 로빈슨 크루소 경제에 낚싯대가 하나 밖에 없다고 가정하겠습니다. 그러면 로빈슨 크루소 경제의 1인당 국민 소득은 얼마가 될까요. 한번 따져보죠. 현재 낚싯대가 하나 밖에 없으니 생각할 수 있는 생산 방식이 몇 가지 있겠네요. 한 가지는 두 사람 중 한 사람이 낚싯대도 손질 하고 낚시질을 하는 방법입니다.

　이 방식은 한 사람만 하루 종일 일하고 다른 사람은 빈둥빈둥 노는 공평하지 않은 방식처럼 보이네요. 또 다른 방식은 한 사람은 낚싯대를 손질하고 다른 사람은 손질된 낚싯대로 낚시질을 하는 방법이 있겠네요. 두 사람이 각각 반나절씩 일하는 방법입니다.

일단 후자의 방식을 가정하겠습니다.

후자의 생산 방식을 선택하면 누가 낚싯대를 손질하고 누가 낚시질을 할 것인지를 결정해야 합니다. 일단 동전을 던져 정한다고 가정하지요. 낚시 기술이 좋은 로빈슨이 낚시질하고 프라이데이는 낚싯대를 손질하면 좋으련만 불행히도 프라이데이가 낚시질하고 로빈슨이 낚싯대를 손질하기로 결정되었다고 가정하겠습니다.

프라이데이는 로빈슨이 오전 반나절 동안 손질해 준 낚싯대를 갖고 바다로 나가 오후 반나절 동안 자신의 능력을 다 발휘하여 8마리의 고기를 잡겠지요. 따라서 로빈슨 크루소 경제의 총생산량은 8마리가 될 것입니다(Y=8마리). 로빈슨 크루소 경제의 인구는 두 명(N=2)이니까 1인당 국민 소득은 4마리가 되겠네요($\frac{Y}{N} = \frac{8}{2} = 4$). 또 두 명이 각각 반나절씩 일하는 것은 실질적으로는 한 명이 온종일 일하는 것과 같으니까 고용량은 1인(L=1)이 됩니다. 따라서 노동 생산성과 고용 비율이 각각 8마리($\frac{Y}{L} = \frac{8}{1} = 8$)와 $\frac{1}{2}$($\frac{L}{N} = \frac{1}{2}$)이 됩니다.

이런 내용을 식으로 정리하면 다음과 같이 표현할 수 있습니다.

$$\frac{Y}{N} = \frac{Y}{L} \times \frac{L}{N} \quad \Leftrightarrow \quad \frac{8}{2} = \frac{8}{1} \times \frac{1}{2}$$

결과적으로 로빈슨 크루소 경제에서 두 사람은 평균적으로 각각 4마리의 고기를 먹을 수밖에 없어 배가 고픕니다. 어떻게 하면 로빈슨 크루소 경제가 좀 더 풍요롭게 되어 로빈슨과 프라이데이 모두

배불리 먹으며 살 수 있을까요.

그 방법을 찾아봅시다.

효율적 자원 배분

자원 배분의 효율성을 높이면 생산성이 향상되어 국부를 증진시킬 수 있습니다.

　로빈슨과 프라이데이 사이에 역할을 조정하는 것입니다. 로빈슨과 프라이데이 누가 하든 낚싯대를 손질하는 기술이 같으니 상관없습니다. 하지만 낚시는 프라이데이가 하는 것 보다 기술 좋은 로빈슨이 하는 편이 훨씬 효율적입니다. 프라이데이가 낚싯대를 손질하고, 로빈슨이 낚시질을 하는 식으로 역할만 조정해도 로빈슨 크루소 경제의 총생산량은 12마리로 늘어날 수 있습니다. 당연히 1인당 국민소득도 6마리로 증가하고요. 물론, 두 사람이 여전히 반나절씩만 일할 수 있으니 고용 비율은 변하지 않지만, 노동 생산성은 8마리에서 12마리로 크게 향상됩니다. 즉,

$$\frac{Y}{N} = \frac{Y}{L} \times \frac{L}{N} \quad \Leftrightarrow \quad \frac{12}{2} = \frac{12}{1} \times \frac{1}{2}$$

　이처럼 실제 노동을 증가시키지 않더라도 두 사람 사이의 역할 조정만으로도 1인당 국민 소득을 향상시킬 수 있습니다. 실제 세상

도 마찬가지입니다. 사실 한 국가가 가지고 있는 수많은 자원들이 적재적소에서 활용되지 않고 있는 것이 현실입니다.

여러분들처럼 열심히 공부해야 할 사람이 열악한 환경에서 일하는 경우도 있고, 한 사람이 해도 되는 일을 여러 사람이 빈둥빈둥 놀아가며 하는 둥 마는 둥 하는 경우도 많답니다. 따라서 자원 배분의 효율성만 향상시켜도 국부를 크게 증가시킬 수 있습니다.

문제는 로빈슨 크루소 경제와 같이 2인 경제에서도 자원을 효율적으로 배분하기 어려운데 수천만, 수억 명이 함께 살아가는 실제 경제에서 자원 배분을 어떻게 효율적으로 할 수 있느냐에 있습니다.

로빈슨 크루소 경제의 효율적 자원 배분이 가능한 이유는 일할 수 있는 사람은 로빈슨과 프라이데이 두 사람이 있고 낚싯대는 한 개가 있다는 사실과 또 두 사람의 기술 수준을 잘 알고 있었기 때문입니다. 그렇다면 실제 경제에서도 어떤 자원이 얼마나 있고, 또 누가 무엇을 잘하는지를 누군가가 정확히 파악하여 인위적으로 자원 배분을 조정함으로써 효율성을 증가시킬 수 있을까요?

불가능합니다. 수천만 국민들의 능력을 파악하여 자원 배분을 하려면 슈퍼컴퓨터가 있어도 안 될 것입니다. 그러나 효율적인 자원 배분은 인위적으로는 불가능하지만 시장을 통해서는 가능합니다. 바로 이것이 제가 1권에서 밝히려고 했던 핵심 주제입니다. 그러니 경제를 인위적으로 조작하려 들지 말고 가능한 시장에 맡겨 놓기만 해도 국부가 증진합니다.

교과서에는

시장 경제는 일반적으로 '보이지 않는 손'의 기능에 의해 희소한 자원을 효율적으로 배분합니다.

자본 확충

교과서에는

노동자의 생산성은 사용하는 장비에 따라 달라집니다. 삽을 이용하여 땅을 파는 것보다는 굴착기를 이용하는 것이 생산성이 높지요. 한 나라의 생산량은 자본량이 많아지면 증가합니다.

국부 증진은 자본을 확충함으로써 가능합니다. 자본은 노동과 결합하여 생산에 기여하는 장치, 도구 등과 같은 생산 요소를 말합니다. 로빈슨 크루소 경제에서 낚싯대와 같은 것입니다.

로빈슨 크루소 경제에 낚싯대가 두 개로 늘어났다고 가정해 보죠. 로빈슨 크루소 경제의 소득 수준은 어떻게 변할까요? 낚싯대가 두 개가 되었으니, 이제 로빈슨과 프라이데이 모두 바다로 나가 자신의 능력껏 고기잡이를 할 수 있을 테니 로빈슨은 12마리, 프리이데이는 8마리를 잡게 되어 총 20마리를 잡게 됩니다. 따라서 1인당 국민 소득이 10마리로 비약적으로 증가하게 됩니다. 즉,

$$\frac{Y}{N} = \frac{Y}{L} \times \frac{L}{N} \quad \Leftrightarrow \quad \frac{20}{2} = \frac{(12+8)}{2} \times \frac{2}{2}$$

또, 로빈슨 크루소 경제의 노동 생산성($\frac{Y}{L}$)은 10마리($=\frac{20}{2}$)로 향상되고, 또 두 사람이 모두 온 종일 일할 수 있게 되었으니 고용 비율도 1($=\frac{2}{2}$)로 높아집니다. 이처럼 자본이 증가하면 고용량도 늘고, 노동생산성도 향상되어 경제 전체가 물질적으로 풍요롭게 됩니다.

국부는 노동 생산물 전체의 가치라는 사실을 다시 한 번 강조하고 싶습니다. 국부의 원천은 노동의 양과 질입니다. 인구가 많다고

생산 활동에 기여하는 노동의 양이 증가하는 것은 아닙니다. 국민 중에는 생산 활동에 참여하는 사람도 있고 그렇지 않은 사람도 있습니다. 우리가 관심을 가져야 할 부분은 국부를 창출하는 생산 활동에 참여하는 노동입니다.

한 나라 인구 중 생산적 노동에 참여하는 비율 즉 고용 비율이 높을수록 노동 생산물도 증대할 테니 국부도 따라 증가하게 됩니다. 또 노동의 질이 향상되면 국부가 증가합니다. 노동의 질이란 쉽게 말해 한 명의 노동력이 얼마나 많은 가치를 생산할 수 있는가를 나타내는 노동 생산성을 의미합니다. 생산 활동에 참여하는 노동력이 많다고 해서 최선은 아닙니다. 노동 생산성이 높은 노동이 많이 고용될 때 국부는 비약적으로 증가하게 되지요.

그러면 어떻게 노동의 양을 증가시키고 노동의 질을 향상시킬 수 있을까요. 노동과 자본은 서로 보완적 관계에 있습니다. 노동이나 자본만으로 생산할 수 있는 것은 세상에 거의 없습니다. 맨 손으로 고기를 잡을 수도 없고, 낚싯대가 저절로 고기를 잡는 것도 아닙니다. 낚싯대(자본)와 사람의 손(노동)이 만날 때 고기(생산)가 낚여 올라오는 것입니다.

제가 지금 여러분께 제공하고 있는 경제학 교육 서비스도 제 노동력만 가지고 생산되지 않습니다. 만일, 제 노동력만 가지고 교육 서비스를 제공한다면, 여러분은 모두 밖에 나가 거적 놓고 둘러 앉아 제 이야기를 들어야 할 것입니다. 지금처럼 편안하게 교육할 수

있는 것은 자본도 함께 생산에 참여하기 때문입니다. 우리들이 모여 있는 교실, 여러분들이 앉아 있는 의자, 칠판 등 다양한 교구들 모두가 자본입니다. 이들 자본과 저의 노동이 결합해 교육 서비스가 생산되는 겁니다.

따라서 아무리 노동을 할 수 있는 인구가 많아도 그 노동과 결합할 자본이 충분치 않으면 모두가 생산 활동에 참여할 수 없습니다. 당연히 고용 비율도 낮아지겠죠. 로빈슨 크루소 경제에서 낚싯대가 한 개 밖에 없기 때문에 두 사람 중 한 사람은 빈둥빈둥 놀 수밖에 없었습니다. 하지만 낚싯대가 두 개로 늘어나자 로빈슨과 프라이데이 모두 생산 활동에 참여할 수 있게 된 것이지요.

노동력을 얼마나 고용할 것인가는 자본의 양에 달려 있습니다. 뒤에서 좀 더 자세히 설명하겠지만, 생산은 노동과 자본이 기술적으로 결합하는 과정입니다. 쉽게 말해 노동과 자본이 협력해야만 생산이 가능하다는 이야기지요. 현실 세계에 딱 들어맞지는 않지만 자본 한 단위에 노동의 몇 단위가 결합된다는 식으로 노동과 자본의 결합 비율은 대체적으로 정해져 있습니다. 물론, 기술의 발달로 이 결합 비율은 끊임없이 변하기는 하지만, 그래도 단기적으로는 어느 정도 안정되어 있다고 봐도 큰 무리는 없어 보입니다.

택시 회사의 고용량은, 무인 택시와 같은 획기적인 기술이 개발되지 않는 한, 회사가 보유 중인 자동차 대수에 의해 결정되는 것과 같습니다. 따라서 자본이 증가하지 않으면 고용량도 증가하지 않습니다. 자동차 수가 늘지 않았는데 운전기사와 정비사의 고용만 증대시킬 택시 회사는 없습니다. 고용을 증가시키기 위해서 자본 증가는 필수적입니다.

결론적으로 경제 전체가 고용할 수 있는 총노동의 양은 그 경제에 축적된 자본이 고용할 수 있는 양을 초과할 수 없습니다. 바로 이런 차원에서 노동 생산물의 전체 가치 즉 국부를 증대시키기 위해서 자본 축적은 필수적입니다.

또한 노동 생산성 즉 노동의 질도 1인당 자본의 양 즉, 자본 장비율이 증가하면 향상됩니다. 당연하지요. 곡괭이, 삽만 가지고 집을 지을 때보다 굴삭기, 불도저 등 건설 장비를 이용해 집을 지을 때의 노동 생산성은 비교 자체가 의미 없을 정도로 수백 배 클 겁니다.

자, 그러면 자본은 어떻게 해야 늘릴 수 있을까요? 자본은 투자를 통해 증가합니다. 현재 자본의 양은 과거 오랜 기간 동안 이루어진 투자의 결과란 뜻입니다.

예를 들어 세계 10위권 회사로 도약한 현대자동차가 현재 소유하고 있는 자본도 어느 날 갑자기 뚝딱 만들어진 것이 아닙니다. 1967년 창사 이래, 울산, 전주, 아산, 터키, 인도, 미국, 체코 등에 꾸준히 투자한 결과가 오늘날 55,000명이 넘는 인원을 고용하고 있는 현대자동차의 모습입니다. 따라서 투자율이 높으면 그만큼 자본이 많이 형성되어 국부가 빠르게 증가합니다.

그러면 어떻게 해야 투자가 증가할 수 있을까요? 먼저 투자는 주로 누가 하고 또 왜 하는지 생각해 봅시다.

투자는 주로 기업이 이윤을 얻기 위해서 합니다. 기업이 돈을 더 벌기 위해 투자한다는 말입니다. 돈을 벌 수 없으면 투자도 없습니다. 그러니 이윤은 투자의 원동력입니다. 적정한 이윤을 확보할 수 없으면 투자가 이루어지지 않을 테고 결국 자본도 늘어나지 않습니다. 따라서 투자가 증가하기 위해서는 기업이 돈을 벌 수 있는 기회가 많아지도록 도와줄 필요가 있습니다. 그렇다고 중상주의자들이 그랬던 것처럼 기업에 특혜를 주어 이윤을 얻게 해서는 안 됩니다. 이것은 자원 배분을 왜곡해 오히려 국부를 감소시킬 수 있음은 이미 앞에서 여러 번 논의한 바 있습니다. 너무 어렵게 생각하지 않아도 됩니다. 그저 기업 활동을 자유롭게 할 수 있도록 놔두면 됩니다. 돈을 벌 기회는 기업 스스로가 찾으면 됩니다. 사실 돈 버는 일은 누구보다도 기업이 잘합니다. 기업의 활동을 지나치게 간섭하는 쓸데없는 규제 등은 결코 자본 형성에 도움이 되지 않고 결국 노동 생산성을 떨어뜨려 국부를 감소시키는 원인이 될 수 있습니다.

저축의 역할

아무리 큰 이윤을 얻을 수 있는 일이 있어도 돈이 없으면 투자가 이루어지지 않겠지요.

투자할 돈은 어디서 생길까요? 즉, 투자의 원천은 무엇일까요? 투자는 우리가 생산한 산출물 중 미래의 더 큰 생산을 위해 사용되어지는 부분을 의미합니다.

예를 들어 신규 자동차의 생산 공장 설립에 투자한다는 말은 무슨 뜻일까요. 다시 말해 자동차 공장을 새로 하나 세운다는 말입니다. 자동차 공장을 새로 세우려면, 공장 건물도 필요하고, 또 기계도 필요합니다. 공장을 짓고, 기계를 만들기 위해서는 자원이 필요하겠지요. 그런데 그 자원은 공장이나 기계를 만드는데 쓰지 않고, 우리가 먹고, 입고, 사는데 필요한 상품을 생산하는데 쓸 수도 있는 것들이지요. 다시 말해, 우리의 귀중한 자원을 지금 그냥 써버리는데 즉 소비하는데 쓰지 않고, 미래의 생산량을 증가시키기 위한 자본을 늘리는데 사용하는 것이 투자입니다.

생산의 가치는 어떤 경로가 되었든 우리들 주머니로 돌아오게 됩니다. 임금, 이자, 지대, 이윤 등의 형태로 우리들의 주머니로 돌아온다는 뜻입니다. 이렇게 우리들 주머니로 돌아오는 가치를 소득이라고 하지요. 그러니까 소득과 생산 가치는 같게 됩니다. 이 소득으로 할 수 있는 일이 무엇일까요? 바로 소비하거나 저축하는 겁니다. 따라서 저축이란 생산 가치 중 우리가 소비하지 않고 남겨 둔 부분입니다.

투자는 바로 소비하지 않고 남겨둔 생산 가치인 저축을 재원으로 합니다. 생산된 가치를 모두 써버린다면 투자는 이루어지지 않겠지요. 남아 있는 것이 있어야 투자든 뭐든 할 수 있지 않을까요? 여러분들 가정이 모든 소득을 모두 먹고, 노는데 다 써버린다면, 여러분들을 공부시킬 수 없는 것과 같은 원리입니다.

자녀 교육은 각 가정 경제에서 이루어지는 가장 중요한 투자의 일종입니다. 이렇게 교육 투자도 각 가정의 저축을 재원으로 이루어진답니다.

지금까지 내용을 정리해 보면, 자본은 투자로 형성되고 투자는 저축을 재원으로 이루어지기 때문에 자본 축적은 저축을 매개로 이루어집니다. 노동이 투입되어 생산된 상품 중 소비되지 않고 남은 부분, 즉 저축이 투자의 원천인 것입니다. 따라서 충분한 저축이 없으면 국부 증대도 그만큼 기대할 수 없습니다. 절약이 중요한 이유입니다.

낭비는 부지런한 사람이 먹을 빵을 게으른 사람들이 먹어치우는 것과 다르지 않습니다. 낭비는 낭비하는 사람 자신뿐만 아니라 국가 전체를 가난하게 만듭니다. 따라서 저축을 하는 사람은 국부의 증진에 기여하는 '공공의 은인'으로, 낭비하는 사람은 '공공의 적'이라고 해도 지나치지 않습니다.

저축은 투자되어 자본 축적에 기여하고, 이는 다시 생산적 노동의 고용 증대로 이어져 국부가 증대됩니다. 증대된 국부는 보다 많은 소득으로 돌아와 더 많은 저축을 가능케 하는 선순환을 이루어야 국부의 지속적인 증대가 가능합니다. 그러면 사람들은 왜 저축을 할까요? 사람들은 소비를 통해 효용을 얻습니다. 사람들은 그냥 소비해 버리면 당장 효용을 얻을 수 있어 좋을 텐데 왜 저축을 할까요? 이 질문의 답도 간단하지요. 현재보다 미래에 더 부자가 되고 싶기 때문입니다.

소비는 현재의 즐거움에 대한 열망의 결과입니다. 이 열망은 때때로 자제하기 어려울 정도로 격렬하지만 지속적이지는 않는 것 같습니다. 이와는 대조적으로 저축은 현재의 상태를 개선하려는 열망의 결과입니다. 이 열망은 소비에 비해 격렬하지는 않지만 인생 전체를 걸쳐 꾸준히 지속되는 것 같습니다. 현재의 상태에 완전히 만족하여 어떤 변화나 개선을 바라지 않는 사람은 아마도 없을 것입니다. 한마디로 저축은 미래의 더 큰 소비를 위해 현재의 소비를 포기하는 행동인 것입니다.

그러나 현재 자신의 위치에 따라 저축 성향이 달라지는 것 같습니다. 개인들은 악착같이 절약하여 저축을 하지만, 정부는 대체로 낭비하는 경향이 있습니다. 화려한 궁전들, 거대한 교회, 지나치게 비대한 군대 등 낭비적 요인들이 많습니다.

개인들이 아무리 근검절약을 실천하여도 정부의 절제되지 않은 낭비가 계속된다면 국가 전체의 저축이 늘어나지 않을 수 있습니다. 그러나 개인들이 자신의 처지를 개선시키려는 노력이 매우 강력하여 정부의 사치와 낭비를 상쇄할 정도로 개인의 저축은 꾸준히 증가한다는 것이 역사적 경험입니다. 따라서 정부가 사치금지법이나 외국 사치품 수입 금지 등의 조치로 국민들 개개인의 소비를 억누르려는 시도는 뻔뻔스럽고 주제 넘는 짓으로 밖에 볼 수 없습니다. 사회 최대의 낭비자는 왕과 각료를 비롯한 지배층이지 일반 백성은 아니기 때문입니다.

자본 시장의 역할 : 저축과 투자의 가교

아직까지 자본 형성과 관련해 깔끔하게 정리되지 않은 부분이 남아 있습니다. 지금까지 국부 증대를 위해 자본 축적이 필요하고, 이 자본 축적은 투자로 형성되며 투자의 원천은 저축이라는 사실을 설명했습니다. 하지만 저축이 어떻게 투자로 이어지는가에 대해서는 논의하지 않았습니다.

저축하는 사람과 투자하는 사람이 같을까요? 그렇지는 않습니다. 일반적으로 저축은 가계가 하고, 투자는 기업이 합니다. 국가 전체적으로는 저축한 만큼 투자 여력이 생기지만, 저축과 투자의 주체가 다르기 때문에 실제로 저축이 투자와 연결되는 것은 다른 문제입니다. 내가 저축한 돈이 어떻게 신규 발전소의 건설 투자 사업에 사용될 수 있는가의 문제입니다. 투자를 원하는 기업은 누가 저축을 하고 있는지 알 수 없습니다. 그 반대의 경우도 마찬가지고요. 따라서 투자와 저축이 원활히 연결되기 어려운 것입니다.

이런 종류의 어려움을 해결하는 것이 시장입니다. 시장이 없다면 여러분들은 누가 빵을 만들어 공급하는지, 누가 수영 선생님인지 알 방법이 없습니다. 제과점 사장님, 수영 선생님도 마찬가지로 누가 빵을 먹고 싶은지, 누가 수영을 배우고 싶은지 알 도리가 없습니다. 그러니 모두가 불만이겠지요. 그러나 우리는 시장을 통해 이런 문제를 멋들어지게 해결하고 있지요.

일반 상품과 마찬가지로 투자하려는 사람과 저축하려는 사람을 연결시켜 주는 시장이 바로 금융 시장입니다. 어렵게 생각하지 마세요. 은행, 증권회사 등이 좋은 예입니다.

사람들은 소비하고 남은 것을 은행에 저축하고 은행은 그 저축을 투자하려는 기업에게 공급하는 역할을 합니다. 따라서 금융 시장이 발달하면 저축자는 굳이 투자자를 직접 찾아 나설 필요도 없고 투자자도 저축자를 구하러 다닐 필요가 없습니다. 은행과 같은 금융 기관을 매개로 저축도 하고 투자 자금도 조달 받을 수 있게 되어 투자가 활성화됩니다. 그러니 금융 시장의 발전은 자본 축적에 필수적입니다. 당연히 국부 증대에도 기여하지요.

분업

현재 로빈슨 크루소 경제에서는 로빈슨과 프라이데이가 각각 낚싯
대 한 대씩을 나누어 갖고 자신들의 작업 시간의 반을 낚싯대 손질
에, 나머지 반을 낚시질에 사용하며 고기를 잡고 있습니다. 뭔가 좀
불합리해 보이지 않으세요? 서로 협력하면 두 사람 모두 더 풍요로
워질 수 있는데, 그 방법이 무엇인지 아시겠어요?

로빈슨과 프라이데이 둘 다 각각 반나절은 낚싯대를 손질하고 나
머지 반나절만 낚시질을 해야 할 이유는 없지요. 상대적으로 낚시질
을 잘하는 로빈슨은 하루 종일 낚시질에 전념하고, 프라이데이는 하
루 종일 낚싯대 손질에 전념하는 식으로 한 가지씩 나누어 하면 어
떻게 될까요?

이제 로빈슨은 낚싯대 손질에 사용했던 반나절도 낚시질에 투입
할 수 있게 됩니다. 당연히 자신이 평소에 잡던 고기의 두 배 즉 24마
리를 잡을 수 있을 테니 로빈슨 크루소 경제의 생산량이 늘어나겠지
요. 물론 1인당 국민 소득도 12마리로 증가합니다. 이는 고용 비율은
그대로이지만 노동 생산성이 10마리에서 12마리로 향상되었기 때
문에 가능한 것입니다.

$$\frac{Y}{N} = \frac{Y}{L} \times \frac{L}{N} \quad \Leftrightarrow \quad \frac{24}{2} = \frac{24}{2} \times \frac{2}{2}$$

그런데 이 노동 생산성 향상은 어디서 비롯되었나요? 바로 분업

입니다. 로빈슨과 프라이데이가 단순히 일을 나누어 하기만 해도 노동 생산성이 향상될 수 있는 것입니다.

우리는 모두 부자가 되고 싶어 합니다. 부자가 되려면 많은 돈을 내 것으로 만들어야 하겠지요. 위조 화폐를 찍어 낼 수는 없을 테니, 다른 사람들이 갖고 있는 돈을 내 것으로 많이 만들어야 부자가 될 수 있습니다. 주먹을 휘둘러 남의 돈을 억지로 가져올 수는 없을 테고 어떻게 하면 다른 사람의 돈을 내 것으로 쉽게 만들 수 있을까요?

사람들이 내게 스스로 갖다 주게 만드는 방법이 제일 점잖고 쉽지 않을까요? 하지만 사람들은 내게 쉽사리 돈을 갖다 주지 않습니다. 내가 아무리 열심히 일해도 사람들이 원치 않은 일을 한다거나 혹은 사람들이 원하는 일이라고 해도 내가 그 일을 다른 사람보다 잘하지 못하면, 사람들은 결코 내게 돈을 주지 않습니다. 다시 말해, 내가 아니라 다른 사람들이 많이 원하는 것을 내가 누구보다도 잘 생산할 수 있다면 세상 사람들은 내게 앞 다투어 돈을 가져오게 됩니다.

국가도 마찬가지입니다. 사람들이 가장 원하는 상품을 생산하는 데 국가가 가지고 있는 자원을 가장 효율적으로 사용할 때 국부도 극대화될 수 있습니다.

사람들이 원하는 것이 무엇인가는 시장 가격을 통해 쉽게 알 수 있습니다. 사람들이 원하지 않을수록 가격이 형편없기 때문입니다. 당연하지요. 사람들이 원하지 않는다는 말은 수요가 없다는 뜻일 테고, 따라서 가격이 형성되지 않거나 형편없게 됩니다.

흔히 워크맨으로 알려져 있는 휴대용 카세트 플레이어는 불과 20여 년 전만 해도 누구나 갖고 싶어 하는 상품이었습니다. 일본의 회사 소니를 일약 세계적 기업으로 뒤바꿔 놓은 결정적 상품이 바로 워크맨이었습니다.

물론 20여 년 전, 워크맨은 매우 비싼 전자 제품이었습니다. 당연히 우리나라뿐만 아니라 전 세계의 전자 회사가 앞 다퉈 휴대용 카세트 플레이어 생산에 뛰어 들었습니다. 가격이 비싸 돈을 많이 벌 수 있었기 때문이지요. 하지만, 요즘 휴대용 카세트 플레이어를 생산하는 기업은 아주 소수에 불과합니다. 이제 사람들이 더 이상 원치 않기 때문입니다. 수요가 거의 사라진 것입니다. 가격이 형편없으니 기업에게는 돈 벌 기회가 되지 않아 생산할 이유가 없습니다. 따라서 시장 가격을 잘 관찰하면 사람들이 원하는 것이 무엇인지는 어렵지 않게 확인할 수 있습니다.

문제는 효율적으로 생산해야 한다는 점입니다. 다시 말해, 국가의 자원을 가장 효율적으로 요소요소에 사용하는 문제입니다. 어떻게 하면 자원을 가장 효율적으로 사용할 수 있을까요? 아마추어가 사용하는 것보다 프로 전문가가 사용할 때 자원이 효율적으로 이용될 것입니다.

그러면 전문가는 어떻게 만들어질까요? 분업입니다. 분업은 혼자서도 할 수 있는 일을 몇 단계로 나누어 사람들로 하여금 한 가지 일에 몰두할 수 있게 합니다. 즉, 특화를 가능하게 합니다. 바로 이 특화를 통해 이것저것

교과서에는

분업은 생산 과정을 여러 단계로 나누고 각각의 사람들에게 서로 다른 단계를 맡기는 것을 의미합니다. 이때, 근로자들은 같은 일을 반복적으로 수행하므로 일을 더 빨리 끝낼 수 있게 되어 더 많은 상품을 생산하게 되지요.

다 하는 만능선수보다 한 가지를 누구보다도 잘하는 전문가가 탄생합니다. 이런 특화의 효과를 체계화한 것이 분업이므로, 분업은 생산성을 극적으로 증대시킬 수 있습니다.

저는 국부론에서 분업의 생산성 향상 효과를 설명하기 위해 핀 공장을 예로 들었는데, 후대 학자들이 분업의 효과를 '애덤 스미스의 핀 공장 효과'라고 부를 정도로 유명한 예가 되었습니다. 다음은 국부론에서 이야기 한 핀 공장의 예입니다.

"핀 제조업에 관한 교육을 제대로 받지 않은 노동자는 제 아무리 노력해도 하루에 핀 20개는커녕 단 한 개의 핀도 만들 수 없을 것이다. 그러나 오늘날 핀 제조업은 전체 작업 공정을 세분화시킨 여러 독자적 작업 과정들로 구성되어 있다.

한 사람이 철사를 가져오면 두 번째 사람이 그것을 바르게 편다. 세 번째 사람이 그것을 자르면 네 번째 사람은 그 끝을 뾰족하게 만들고, 다섯 번째 사람이 핀 머리를 붙이기 좋도록 다른 쪽 끝을 갈아낸다.

핀 머리 제조 공정 역시 뚜렷이 분리된 두 세 과정으로 나뉜다. 이렇게 핀 머리와 몸체가 각각 완성되면 그 둘을 접합시키는 과정, 핀에다 흰색 도료를 입히는 과정, 완성된 핀을 두꺼운 종이에다 꽂아두는 과정들로 이어진다. 결국 핀 하나를 완성하기까지 모두 18가지의 세부작업 과정이 필요한데 어떤 공장에서는 작업 과정 하나당 한 사람씩 따로 분담시키기도 한다. …… 나는 이런 방식으로 열 사람이 작업하고 있는 한 소규모 공장에 가본 일이 있는데, 이 공장에서는 …… 노동자 한 사람당 평균 4,800개의 핀을 생산해 내고 있었다."

노동 생산성은 분업을 통해서도 비약적으로 향상될 수 있다는 말입니다. 한 사람이 모든 일을 다 하는 것 보다 자기가 잘 할 수 있는 일에 전념하는 편이 훨씬 생산성을 높일 수 있겠지요.

제가 국부론을 쓸 당시만 해도 서너 명 정도가 일하는 소규모 수공업만이 있었을 뿐 제대로 된 공장은 거의 찾아볼 수 없는 시절이었으니 핀 공장의 예가 많은 사람들에게 충격을 주었을 것입니다. 사실 저보다 훨씬 앞선 사상가들에 의해서도 분업에 대한 논의는 진행되었습니다. 하지만 저는 분업을 국부에 대한 분석의 중심에 세웠다는 점이 다릅니다.

분업이 생산성을 향상시킬 수 있는 이유는 근로자들이 반복 작업을 통해 자신들이 맡은 일에 더 빨리 숙달될 수 있고, 하나의 작업에서 다른 작업으로 이동하는 작업 전환에 따른 불필요한 시간을 줄여 노동 시간을 절약할 수 있으며, 무엇보다도 작업이 단순화될수록 근로자 스스로가 작업 능률을 획기적으로 높일 수 있는 생산 방법을 고안(考案)해 내는 경우가 많아지기 때문입니다.

사람들의 선천적인 재능의 차이는 그리 크지 않지만 후천적으로

길러지는 재능의 차이는 선천적인 차이보다 훨씬 크다고 합니다. 사람 개개인의 타고난 재능의 격차는 그리 큰 것이 아닙니다. 기질과 습관, 교육 때문에 격차가 벌어진다는 말입니다. 이렇게 후천적으로 재능의 차이를 더욱 뚜렷하게 하는 원인은 분업일 수도 있습니다. 왜냐하면 선천적 재능의 작은 차이가 사람들로 하여금 각기 다른 직업을 선택하게 하고, 그 직업에 전념하면서 자신의 생산성을 향상시키기 때문입니다.

  사람들은 자신이 갖고 있는 선천적 재능을 분업을 통해 더욱 갈고 닦아 자신의 생산성을 향상시키고 더 나아가 사회 전체의 생산성 향상에도 기여하게 됩니다. 여기서 좀 더 강조하고 싶은 것은 생산성이 약간 향상된다는 말이 아니라 통상적으로 수십, 수백 배 이상 향상된다는 점입니다.

바로 이런 점이 동물들과 구분되는 점이기도 합니다. 사냥개의 선천적 재능은 사냥꾼의 그것과는 비교가 되지 않을 정도로 발달되어 있습니다. 하지만 사냥꾼은 분업을 통해 사냥에 더욱 집중할 수 있어 자신의 사냥 능력을 크게 향상시킬 수 있지만, 사냥개는 그렇지 못합니다. 그나마 사람들이 훈련시킨 사냥개는 자신의 능력을 개발할 수 있겠지만, 야생에서 자라는 사냥개는 선천적 재능만을 갖고 살아가게 됩니다. 사람들의 생산성은 선천적 능력 보다 분업에 의해 후천적으로 개발되는 부분이 훨씬 많아 보입니다.

분업은 핀 공장의 예에서와 같이 작업을 세분화하는 미시적 분업만 있는 것이 아니라 서로 다른 직업 사이에서 이루어지는 사회적 분업, 기업 간 혹은 산업 간에서 발생하는 거시적 분업 등 다양한 형태가 있습니다.

저는 사회적 분업 내지 거시적 분업이 얼마나 보편적 사회 현상인지를 국부론 제1편 제1장에서 다음과 같이 밝혔습니다.

"번영하는 문명국의 가장 일반적인 수공업자 또는 날품팔이 노동자의 생활용품을 관찰해 보면, 그에게 이러한 생활용품을 제공하기 위해 노동을 조금이라도 투하한 사람의 수가 헤아릴 수 없을 만큼 많다는 것을 알게 될 것이다. 예컨대 날품팔이 노동자가 입고 있는 모직 상의는 비록 조잡해 보일지 모르지만 수많은 노동자들의 결합된 노동으로 만들어진 것이다. 양치기, 양모선별공, 소모공, 염색공, 방적공, 직포공, 끝손질공 등이 이 조잡한 생산물을 완성하기 위해 서로 다른 노동을 결합시켰음에 분명하다. 그 밖에도 원료를 매우 먼 곳에 사는 다른 노동자에게 수송하는 데 얼마나 많은 상인과 운송인들이 관련되었던가! 세계의 먼 한 귀퉁이에서 오기도 하는 염색 약품을 운반하는 데 얼마나 큰 무역과 항해가 필요했으며, 얼마나 많은 선박 제조업자와 밧줄 제조업자가 필요했던가! … 수천 명의 도움과 협력 없이는 문명국의 가장 초라한 사람조차도 우리가 단순하다고 오해하고 있는 단순한 일상생활을 영위할 수 없을 것이다."

사실 우리의 일상생활을 돌아보면 분업의 결과가 아닌 것이 없습니다. 오늘 우리가 아침밥을 먹을 수 있는 것도 분업의 결과입니다. 농사짓는 사람, 비료 만드는 사람, 트럭 운전하는 사람, 슈퍼마켓에서 일하는 사람 등 이루 헤아리기 어려울 정도로 많은 사람들이 일을 나누어 한 결과 우리가 아침밥을 먹을 수 있는 것입니다.

분업의 발생 원인 – 분업은 인간 본능의 결과다

분업은 인간의 지혜를 짜내 인위적으로 만들어낸 생산 양식의 형태가 아닙니다. 오히려 인간의 본능에서 비롯된 필연적 결과입니다.

여러 가지 인간의 본능 중 교환 본능에서 비롯된 결과이지요. 자신이 가진 것을 다른 사람과 교환하려는 성향 말입니다.

우리가 세상을 살아가기 위해서는 수없이 많은 물자가 필요합니다. 그러면 이들 물자를 조달하는 방법을 생각해 봅시다.

첫째, 제일 먼저 사람마다 스스로 조달하는 방법을 생각할 수 있겠네요. 사람마다 자신들이 필요한 것들을 스스로 생산하여 충족시키는 방법입니다. 이런 방법에 의존하는 경제를 자급자족 경제라고 부르지요.

자급자족 경제에서는 가족들이 필요한 의식주를 조달하기 위해 스스로 농사도 짓고, 옷도 만들고, 땔감도 스스로 마련해야 합니다. 모두가 필요한 품목을 스스로 조달해야 합니다. 혼자서 모든 것을 해결하는 경제이니까 다른 사람과 협력할 일도 없습니다. 당연히 분업이 있을 수 없습니다.

결국 자급자족 경제는 가난합니다. 왜냐하면 잘하지도 못하는 일까지 스스로 해야 할 테니 생산성이 높을 수가 없기 때문입니다. 저는 한 번도 농촌에서 살아본 적이 없습니다. 이런 사람한테 농사일을 하라고 하면 그 결과는 뻔합니다. 가족들 굶기기 십상이겠지요.

자급자족 경제에서는 한 가지 일만 잘해서는 살 수 없습니다. 오히려 이것저것 모두 다 잘 할 줄 아는 지혜가 필요할 것입니다. 그런데 이것저것 모두 잘하는 사람은 거의 없습니다. 그러니 생산성이 높을 턱이 없고, 모두가 가난에서 헤어날 수 없게 됩니다.

둘째, 사람들 간의 관계에 의존하는 방법입니다. 가령, 힘으로 남의 것을 뺏어 조달하는 약육강식과 같은 방법을 생각해 볼 수 있습니다. 실제로 동물들이 사용하는 방법이지요. 가끔은 사람들도 불법이기는 하지만 이런 방법을 사용하기도 합니다. 그러나 이 방법은 매우 비효율적입니다.

힘없는 약자에게 약육강식은 원초적으로 필요한 물자를 조달할 수 없게 만드는 방법입니다. 힘이 없으니 다른 사람 것을 뺏어올 방법이 없을 테니까요. 그러면 강자는 살기 좋을까요? 이것도 그렇지 않습니다. 강자들은 약자 것을 뺏어야 하는데 뺏어올 것이 없기 때문이죠. 왜냐고요? 약자들은 어차피 강자에게 뺏길 것을 애써서 생산하려 하지 않기 때문입니다.

관계에 의존하는 또 다른 방법으로 사람에게 아양을 떨어 조달하는 방법도 있습니다. 우습게 들릴지는 몰라도, 동물들이 흔히 사용할 뿐만 아니라 사람들도 때때로 사용하는 방법입니다. 애완견은 배고플 때면 사람들에게 온갖 아양을 떨며 먹이를 구합니다. 사람들도 때때로 비굴한 아첨을 떨어가며 자신의 목적을 달성한다는 사실은 누구나 인정할 것입니다. 그러나 이 방법도 비효율적입니다. 아양과 아첨은 너무 많은 노력과 수고가 필요하기 때문입니다. 또 이런 방법으로 원하는 것을 꼭 얻으리라는 보장도 없습니다. 그러니 늘 부족합니다. 다른 사람의 자비심에 기대어 물자를 조달하는 거지가 하루 종일 길거리에서 동냥을 하여도 늘 가난한 이유가 여기에 있습니다.

사람들은 자급자족 혹은 인간관계에 의존한 조달 방법은 모두 적절치 않다는 사실을 본능적으로 알고 이런 방법을 선택하지 않습니다. 사람들이 본능적으로 선택한 조달 방법은 교환입니다. 자신에게 남는 물자와 다른 사람에게 남는 물자를 서로 바꾸는 방법입니다. 이렇게 교환에 의존하면, 사람들은 모든 물자를 스스로 생산할 필요가 없습니다. 자신이 좀 더 잘 생산할 수 있는 것을 생산하고 이를 다른 사람이 생산한 것과 교환하면 됩니다. 이 때 다른 사람을 힘으로 강요할 필요도 없고, 아양이나 아첨을 떨 필요도 없습니다. 그저 내가 생산한 물자를 필요로 하는 사람을 찾기만 하면 됩니다.

제가 아무 걱정 없이 강의와 연구에 전념할 수 있는 이유는 저희 가족이 필요한 품목을 교역을 통해 조달할 수 있다는 자신이 있기 때문입니다. 물론 저만 그런 것이 아니지요. 누구나 그렇습니다. 학교 앞 떡볶이 가게 아저씨도 교역을 통해 필요한 품목을 조달할 수 있기 때문에 떡볶이 생산에 전념할 수 있습니다.

모두들 자신들이 잘하는 일에 전념하고 필요한 것들은 교환을 통해 얻으면 우리들은 필요한 것들을 더 많이 그리고 더 쉽게 얻을 수 있게 되어 좋습니다. 신중한 사람이라면 사는 편이 저렴한데, 굳이 비싼 돈 들여 직접 만들어 쓰지 않습니다. 우리 인간들은 이런 원리를 배우지 않아도 너무나 잘 알고 있기 때문에 누가 시키지 않아도 교환을 하게 됩니다. 마치 교환 본능이 있는 것처럼 말이지요.

결론적으로 말하면 분업은 교환을 전제로 합니다. 모든 것을 스스로 생산하면 교환할 이유가 없다는 것은 굳이 설명할 필요가 없겠죠. 분업은 바로 이런 교환 본능의 결과인 것입니다. 그러니 분업은 인위적으로 만들어진 생산 양식이 아니라 사람들의 본능의 결과입니다.

분업 활성화 조건

분업은 인간이 본능적으로 선택하는 생산 양식이라고 하더라도, 분업의 정도를 결정하는 것은 다른 여러 요인에 달려 있습니다.

분업을 일으키는 힘은 교환에서 나오기 때문에 분업의 정도는 바로 교환의 크기, 즉 시장의 크기에 달려 있습니다. 앞에서 말씀드렸듯이 분업은 특화를 통해 생산성을 비약적으로 향상시켜 생산량을 크게 증가시킵니다. 그러나 아무리 많이 만들어 보아야 팔 수 없다면 무슨 소용이 있겠습니까?

시장이 분업에 의한 생산량의 증가분을 흡수하지 못하면 결국 생산 부문에서의 분업을 위축시킬 것이고, 장기적으로는 그만큼 노동 생산성이 향상되지 못합니다. 따라서 시장이 발달할수록 분업이 활성화되고 이에 따라 생산성이 향상되어 국부가 증대됩니다.

해안과 강 연안의 경제가 상대적으로 발전했던 이유가 여기에 있습니다. 육상 수송 뿐만 아니라 해상 수송도 가능한 해안 지역은 육상 수송만 가능한 내륙 지역에 비해 교역이 활발하게 진행됩니다. 자연적으로 분업이 활성화되어 생산성이 향상됩니다. 특히, 수송 기술이 발달하지 않았던 과거는 이런 현상이 더욱 뚜렷했습니다.

유럽에서 지중해 연안 국가들의 경제가 발달한 사실은 모두들 잘 알고 계시죠. 현재에도 대륙 안에 큰 강이 상대적으로 부족한 아프리카 국가들의 경제가 발전하지 못하는 이유도 여기에 있습니다. 시장 규모가 작기 때문입니다.

교역은 분업에 의해 늘어난 생산물의 판로를 제공하기도 합니다. 저는 이런 교역의 특성을 잉여의 출구(vent for surplus)라고 불렀습니다. 이런 측면에서 저는 농업보다는 제조업 분야 쪽에서 분업의 가능성이 높다고 주장했습니다. 왜냐하면 농산물 시장보다는 제조업 상품 시장이 더 크게 확대 성장할 수 있기 때문입니다.

한 마디로 시장이 크면 클수록 분업이 활발해집니다. 오늘날 한국에는 약 4만 가지의 직업이 있다고 합니다. 과거에 비하면 무척 많아진 것이지요. 그런데 미국에는 약 20만 가지의 직업이 있다고 합니다. 미국 사람들이 우리보다 분업의 효율성을 더 잘 깨달았기 때문에 더 많은 직업이 있는 것이 아니라 순전히 미국의 시장 규모가 우리보다 훨씬 크기 때문입니다.

이렇게 교역은 생산성 향상을 가져다주는 분업의 중요한 전제 조건이므로, 교역 없이는 모두 허사입니다. 교역이 활발하면 할수록 분업이 촉진됩니다. 앞에서 설명한 것처럼 분업은 국부 증가의 원동력이 될 수 있으므로, 교역의 확대는 곧 국부의 증가로 이어질 수 있습니다.

결국 따지고 올라가 보면 국부의 비결은 시장 확대에 있음을 알게 됩니다. 정치적 이유든 지리적 고립이든 시장 규모가 제한되면 사람들은 더 가난할 수밖에 없습니다. 바로 이런 논리가 자유 시장 경제가 부를 효율적으로 창출하는 시스템이 될 수 있다는 근거입니다. 왜냐하면 자유 시장 경제의 핵심은 교역을 가능한 촉진시키는데 있기 때문이지요.

화폐 가치의 안정화

분업의 확대는 시장 규모에 달려 있다는 점을 이해하셨죠. 그러면 시장 규모를 확대하려면 어떻게 해야 할까요? 다시 말해 교환을 더욱 촉진시키는 방안은 무엇이 있을까요?

교환의 가장 원시적인 형태는 물물 교환입니다. 직접 물건과 물건이 맞교환되는 것이지요. 이런 물물 교환의 형태는 매우 비효율적입니다. 생선 반찬을 먹고 싶은 채소 가게 주인은 생선 가게를 찾아가, 채소와 생선을 교환해야 합니다. 그런데 생선 가게 주인이 고기를 먹고 싶어 하면 교환이 이루어지지 않게 되어 채소 가게 주인은 다시 채소를 먹고 싶어 하는 생선 가게 주인을 찾아 나서야 합니다.

어렵사리 채소를 원하는 생선 가게 주인을 만났다고 해서 문제가 모두 해결되는 것도 아닙니다. 채소와 생선의 교환 비율을 정해야 합니다. 이것 또한 쉽지 않겠죠. 채소와 고기의 질에 대해 서로 의견이 맞지 않거나, 상대방 상품의 가치에 대해서도 서로 다른 의견을 보여 교환 비율을 정하지 못해 협상은 결렬되기 쉽기 때문입니다. 설령, 합의에 이르렀다고 하더라도 교환이 성립하려면 해결해야 할 문제가 여전히 남습니다.

두 사람 간의 흥정 끝에 배추 3포기와 생선 2마리의 교환 비율에 합의했다고 가정해 볼까요. 그러나 합의된 교환 비율에 따라 거래하려면 배추 1포기와 생선 $\frac{2}{3}$마리가 교환되거나 생선 1마리와 배추 $1\frac{1}{2}$포기가 교환되어야 하는데, 생선과 배추는 토막 내어 팔 수도 없어 곤란합니다.

그렇다고 배추 3포기와 생선 2마리를 교환할 수 있겠지만 생선이 1마리만 필요한 채소 가게 주인이 생선 2마리를 구입하려고 들지도 않을 것입니다. 그러니 채소 가게 주인과 생선 가게 주인이 어렵사리 만나 교환 비율에 합의하였어도 실제 거래가 성립되기 쉽지 않습니다.

이런 불편을 해결해 주는 기막힌 발명품이 있습니다. 무엇일까요? 네, 바로 돈입니다. 돈이 있으면 채소 가게 주인은 아무 생선 가게에 가서 돈을 주고 생선을 사고, 또 생선 가게 주인은 그 돈으로 고기를 사 먹으면 되니까 꼭 채소를 먹고 싶어 하는 생선 가게 주인을 찾아 나설 필요가 없습니다. 또 생선을 토막 내어 교환할 필요도 없습니다. 생선 대신 돈을 토막 내어 거래하면 되니까요. 돈은 얼마든지 나눌 수 있지요.

이렇게 돈은 물물 교환의 불편을 일거에 해소합니다. 따라서 돈을 거래의 매개 수단으로 사용하는 화폐 경제는 매우 자연스럽게 탄생하였습니다. 물물 교환의 불편이 해소된 화폐 경제에서 교환이 활성화되는 것은 물론입니다. 당연히 분업은 더욱 세분화될 것이고 이는 국부를 증진시킵니다. 화폐의 출현이 국부 증대의 계기가 될 수 있습니다.

그러나 무작정 돈이 출현한다고 교환이 활성화되지 않습니다. 한번 따져 볼까요. 화폐 경제에서 사람들은 자기가 갖고 있는 물건을 다른 사람이 갖고 있는 물건이 아닌 돈과 교환하려고 합니다. 돈도 교환의 대상이라는 점에서 다른 물품과 다르지 않습니다.

실제로 일반 물품을 화폐로 사용하기도 했습니다. 대표적인 물품이 금이지요. 사실 금 이외에도 다양한 물품이 돈으로 사용된 기록이 있습니다. 옛 에디오피아에서는 소금이, 인도 해안의 어느 지역에서는 조개 껍데기가, 뉴펀들랜드에서는 마른 대구가, 버지니아에서는 담배가, 서인도 식민지 일부 지역에서는 설탕이, 다른 지역에서는 짐승의 가죽 등이 화폐로 사용된 적이 있다고 합니다.

여기서 어떤 물품이 돈의 역할을 하느냐는 크게 중요하지 않습니다. 화폐 경제의 중요한 특징은 사람들이 돈을 교환의 대상으로 보고, 물품 대신 돈을 갖고 교환한다는 점입니다. 여기서 돈의 가치가 유지되지 않으면 어떤 일이 벌어질까요?

예를 들어 금을 돈으로 사용하는 경제에서, 사람들이 귀금속으로 사용하기 위해 금화의 귀퉁이를 조금씩 떼어 내는 통에 금화의 함량, 즉 가치가 점차 훼손된다면 어떤 일이 벌어질까요?

사람들은 어쩌다 정량의 금화가 생기면 이는 사용하지 않고 훼손된 금화만을 사용하려 들 것입니다. 결국 시중에는 함량이 꽉 찬 양화(良貨) 대신 함량이 부족한 악화(惡貨)만이 통용되겠지요. 그러나 이것도 잠시 뿐, 금화의 훼손 정도가 어느 수준을 넘어서면 악화와의 교환을 거부하는 사태에 이르게 될 것입니다. 즉, 교환이 성립되지 않게 됩니다. 가치가 유지되지 않는 물품과 교환하려는 바보는 없을 테니까요. 당연히 교환은 위축되고 결과적으로 분업의 효과는 그만큼 줄어들게 됩니다. 따라서 분업을 활성화하려면 화폐 가치를 안정시켜야 합니다.

요즘 화폐는 소위 법화(法貨)입니다. 국가가 임의로 돈을 정하고 이를 법의 힘으로 통용시키는 것입니다. 따

양화와 악화
품질이 좋은 화폐를 양화라고 합니다. 실제 가격과 법정(법으로 정해놓은) 가격의 차이가 적은 화폐를 말하지요. 이와는 반대의 화폐를 악화라고 해요.

법화
법정 통화로 불리기도 합니다. 통화의 원활한 유통을 위해 법률에 의해 강제적으로 일상생활에서 쓰일 수 있도록 한 화폐이지요.

라서 화폐의 가치는 국가가 관리하게 됩니다. 이런 의미에서 요즘의 화폐 제도를 관리 통화 제도라고도 합니다.

국가가 마음대로 돈을 남발하면 돈의 가치가 떨어지게 됩니다. 당연하지요. 무엇이든 흔해지면 가치가 떨어지는 것이니까요. 가치가 떨어진 돈은 귀퉁이가 훼손된 악화와 다르지 않습니다. 일정 수준을 넘어서면 아무리 법으로 강제하려고 해도 돈을 교환의 대상으로 여기지 않게 되어 통용되지 않을 수도 있습니다. 1980년대 말 소련이 여러 나라로 나뉘려 할 때 모스크바에서 담배가 루블(러시아의 화폐 단위)보다 인기 있는 화폐로 통용되었던 사실이 좋은 예입니다.

교과서에는

시중에 유통되는 돈의 양, 즉 통화량은 생산과 고용 물가에 큰 영향을 주지요.

결론적으로 다시 말하면, 화폐 가치가 안정되어야 화폐를 매개로 교환이 활발히 이루어지고, 또 그만큼 분업은 더욱 세분화되어 생산성 향상과 국부 증대가 가능해집니다.

분업의 폐해

분업은 생산성을 획기적으로 향상시킬 수는 있지만 대부분의 사람들을 허구한 날 극히 단순하고 세분화된 똑같은 작업에 묶어 놓아 사람들의 이해력 혹은 창조력을 퇴화시킬 위험이 있습니다.

몇 가지 단순한 작업을 반복하고 어느 정도 시간이 지나면 더 이상 어려움을 극복하거나 창의력을 발휘하기 위해 애쓸 필요가 없어져서 이해력, 창의력이 퇴화될 수 있습니다. 훗날 카를 마르크스(Karl Heinrich Marx)가 주

카를 마르크스

독일의 경제학자이자 정치학자입니다. 자유 시장 경제에서 나타나는 부자와 가난한 사람, 부국과 빈국의 여러 가지 문제들을 예리하게 비판했습니다.

장한 것처럼 반복적인 작업으로 인해 노동자들은 노동과 생산물로부터 소외될 수도 있습니다. 저는 물리적 환경이 인간 정서에 영향을 미친다는 확고한 신념하에 다음과 같은 우려를 주장했습니다.

"한 인간이 몇 가지 간단한 작업을 반복하는 데 일생을 소비한다면 그는 자신의 지식을 활용하거나 자신의 발명품들을 시험해 볼 기회를 평생토록 갖지 못한다. 자연히 그는 두뇌를 쓰는 습관을 상실하고 인간이 도달할 수 있는 가장 낮은 지능 수준으로 떨어지고 만다."

그렇다고 이와 같은 분업의 부작용을 우려해 분업 자체를 거부해서는 안 됩니다. 왜냐하면 생산성을 비약적으로 향상시키는 분업은 국부의 원천이기 때문입니다. 분업이 확대될수록 국부도 따라 증가할 가능성이 높아집니다. 따라서 국가는 교육을 통해 분업의 부작용을 방지하며 분업을 촉진해야 합니다.

분업과 부의 배분

분업은 교환을 전제로 합니다. 교환을 하려면 상품간의 교환 비율이 있어야 하겠지요. 내가 생산한 상품 하나와 다른 사람이 생산한 상품 몇 개가 교환되는가를 의미하는 비율 말입니다. 바로 이 교환 비율이 나에게 돌아올 몫을 결정하게 되겠지요.

사회의 부 중 나의 몫이 정해진다는 말입니다. 따라서 교환 비율을 정하는 일 즉, 가격이 결정되는 것이 부의 배분을 결정하는 일로 해석될 수 있습니다. 내가 생산한 상품의 가격이 높으면 그것과 교환되는 다른 상품의 양이 많아질 테니 내게 돌아올 부의 몫도 커지겠지요.

저에게 이 문제는 단순히 어떻게 배분되는가의 문제에만 국한되지 않았습니다. 어떻게 배분되어야 하는가, 다시 말해 사회 전체적으로 공정하고 적정한 배분은 어떤 것인가의 문제에도 관심이 있었습니다.

개인의 입장에서 가장 공정한 배분은 사람들이 자신의 이기심에 따라 스스로 선택할 수 있게 하는 것이고, 사회 전체의 입장에서는 사회 전체의 부를 극대화하는 것이라고 보았습니다. 자원을 낭비하는 것은 사회가 달성 가능한 부를 감소시키는 행위이기 때문에 도덕적으로 잘못된 것으로 생각했습니다.

기술 진보

기술이란 생산 요소들을 결합하여 특정한 상품을 생산하는 과정을 말합니다. 같은 생산 요소에서도 어떤 기술과 결합하느냐에 따라 다른 상품을 생산하게 되는 것이지요. 따라서 기술 진보는 좀 더 효율적인 생산 과정을 의미합니다. 다시 말해 기술 진보는 동일한 양의 생산 요소로 더 많은 생산을 가능케 하거나, 더 적은 양의 생산 요소를 가지고 동일한 생산이 가능케 하는 기술의 변화를 의미합니다. 따라서 기술 진보는 노동 생산성 향상과 국부 증대에 기여하게 됩니다.

낚싯대가 손질하지 않아도 늘 사용할 수 있을 정도로 품질이 개선되는 것입니다. 이제 프라이데이도 낚싯대 손질을 하지 않아도 됩니다. 프라이데이도 로빈슨과 함께 하루 종일 낚시질을 해 16마리의 고기를 더 잡을 수 있을 것입니다. 당연히 경제 전체의 생산량이 24마리에서 40마리로 비약적으로 늘게 되고, 1인당 국민 소득도 20마리로 증가하게 됩니다.

$$\frac{Y}{N} = \frac{Y}{L} \times \frac{L}{N} \quad \Leftrightarrow \quad \frac{40}{2} = \frac{24+16}{2} \times \frac{2}{2}$$

기술 진보는 노동 생산성을 향상시켜 경제 전체의 생산량 증대에 기여하게 됩니다. 기술 진보는 자본의 축적처럼 경제 내의 생산 요소의 양을 직접적으로 증가시키지는 않지만 자본 혹은 노동의 질을 높여 실제로는 생산 요소의 양을 증가시키는 효과를 가져 옵니다. 다시 말해 기술의 진보는 사람을 통해 생산에 구체적으로 실현되지요. 이런 측면을 강조하기 위해 기술 진보 등과 같이 사람에 의해 변화되어 나타나는 생산 요소를 인간 자본으로 표현하기도 합니다.

노벨 경제학상을 받은 로버트 솔로우(Robert Merton Solow)는 기술의 진보 없는 경제 성장은 한계를 지닌다고 주장했습니다. 그는 근로자들이 많은 장비(자본재)를 갖출수록 생산량과 생산성이 높아지지만 일정한 양을 넘어서면 생산성을 더 이상 높이지 못한다고 주장합니다.

조금 전문적으로 말하면 자본재의 추가적인 한 단위 투입에 따른 생산량 증가분이 줄어드는 자본의 수확 체감(diminishing returns to capital) 현상이 발생한다는 말입니다. 따라서 솔로우는 기술 진보가 없는 경우 경제가 완전 고용에 도달하면 자본의 한계 생산성이 감소해 더 이상 생산이 증가할 수 없는 단계에 도달하게 된다고 역설했습니다.

> **수확 체감**
> 경제학에서 쓰이는 용어로 일정한 크기의 토지에 노동력을 추가로 투입할 때 수확량의 증가가 노동력의 추가 증가를 따라가지 못하는 현상을 말합니다.

솔로우 이후 많은 경제학자들은 새로운 기술, 즉 기술의 진보가 생산성 향상의 가장 중요한 원천이라는 데 동의합니다. 특히 한국과 같이 자원이 부족한 나라에서는 노동이나 자본의 축적에 한계가 있으므로 지속적인 성장을 위해 기술과 지식의 축적이 매우 중요하다고 지적합니다.

여러분이 살고 있는 21세기는 제가 살던 18세기 때보다 기술의 중요성이 훨씬 강조되고 있는 시대인 것 같습니다. 사실 저는 기술의 진보보다 분업, 자본 축적 등을 더 강조했습니다. 제가 살던 시절은 요즘같이 대규모 공장은 없었습니다. 대개 가내수공업(家內手工業) 형태에서 조금 벗어난 소규모 형태의 공장이 있는 정도였죠. 따라서 공장 규모를 좀 더 확장하는 자본 축적과 이에 따른 분업이 훨씬 효과적으로 생산을 증대시킬 수 있는 방법으로 보았던 것입니다.

현재 자본이 비교적 많이 축적된 선진국 경제에서는

> **가내수공업**
> 집 안에서 작은 규모로 이루어지는 수공업을 말합니다. 서양에서는 18~19세기에 많이 이루어졌지요. 대부분 농촌에 사는 사람이 부업으로 옷과 옷감, 신발, 보자기 같은 수공예품, 담배 등을 생산하였습니다.

기술 진보의 중요성이 상대적으로 많이 강조되어야 하겠지만, 아프리카와 같이 낙후된 경제에서는 경제 성장을 위한 핵심 전략으로서 분업과 자본 축적 등은 여전히 유효하다고 생각합니다.

자동차의 대중화 시대

1896년대 초 여름 어느 날 미국 미시간주 디트로이트에서 젊은 청년 한 명이 2기통 휘발유 엔진을 장착한 자동차를 끌고 길 밖으로 나왔습니다. 자동차 대중화 시대를 힘껏 열어 제친 역사적 사건입니다. 헨리 포드가 자신의 집 창고에서 직접 제작한 최초의 포드 1호 자동차를 세상에 선보인 것입니다.

포드는 자동차가 인류의 새로운 운송 수단이 될 것이라는 확신 아래 1903년 디트로이트에서 자신의 이름을 딴 포드 자동차 회사를 설립했습니다. 당시 자동차는 디트로이트 지역에만 약 50여 개의 자동차 회사들이 있을 정도로 소규모 수공 생산양식에 의해 생산되고 있었습니다. 당연히 자동차는 생산 기간이 길고 가격도 상상하지 못할 정도로 높은 사치품이었습니다. 하지만 포드사는 다른 자동차와 달랐습니다. 바로 생산성 향상을 위한 분업의 효과를 꾀 뚫고 있었던 것입니다.

당시 자동차는 장인들이 주문을 받아 한 대 한 대 생산하던 수공품이었습니다. 포드는 이러한 수공 생산 방식에서 탈피하여 현재에는 자동차 생산에 보편화되어있는 컨베이어 시스템을 도입하고 작업의 분업화를 실행에 옮겼습니다. 결과는 대성공이었습니다. 포드가 최초의 T형 자동차를 생산하기 시작한 1908년 당시 자동차 값은 평균 2천 달러 정도였습니다. 당시 금값이 1온스당 약 20달러이었으니까 금 100온스에 해당하는 가격이었겠죠. 그러니까 2011년 현재 금값이 대

헨리 포드와 T형 자동차

포드의 하일랜드 파크 공장에서 1913년 8월 하루 동안 생산해낸 포드 T형 모델들

강 1온스에 1,500달러이니까 요즘 돈으로 말하면 150,000달러 정도 되겠네요. 보통 사람은 엄두도 나지 않을 가격이지요. 이렇게 비싼 자동차를 포드는 T형 자동차를 8백25달러에 팔았고, 그 후 가격을 더욱 낮춰 3백 달러 미만에 판매하기도 했습니다. 자동차 대중화가 가능하게 된 것이지요.

이렇게 가격을 낮추고 생산량을 비약적으로 증가시킬 수 있었던 것은 바로 분업 때문임은 물론입니다. 다른 자동차 회사에서는 노동자들이 공구를 들고 작업대로 찾아가 제품을 만들고 조립해왔지만 포드 자동차에서는 컨베이어 벨트가 끊임없이 생산 조립품을 실어 나르고, 노동자들은 나눠 받은 작업에만 집중하여 생산성을 높일 수 있었던 것입니다. 포드의 대성공을 계기로 이런 생산 양식이 보편화되기도 했는데 이런 생산 양식을 포드주의라고 부르기도 합니다.

물론, 포드주의는 노동자 자신을 노동으로부터 소외되도록 하는 부작용을 낳아 비난의 대상이 되기도 했습니다. 찰리 채플린은 자신의 영화 〈모던 타임즈〉에서 노동자의 시간과 동작을 컨베이어벨트가 중앙통제하고, 결국 노동자를 부속품처럼 소모하고 있다는 사실을 비판하기도 했습니다.

그러나 이런 어두운 면이 있지만, 귀족들의 전유물이던 자동차의 대중화에 기인한 점도 무시할 수 없을 것입니다. 또한 노동 생산성 향상으로 노동자들의 삶이 풍요로워진 점도 간과해서는 안 됩니다. 포드사는 노동시간을 하루 9시간에서 8시간으로 줄이고, 임금도 다른 회사들의 평균 임금 수준 2.34달러보다 2배 이상 높은 5달러를 지급하기도 했습니다.

국부 증대를 위한 정부의 역할

우리 모두가 인간의 원초적 본성을 직시하고, 그 본성을 국부 증진을 위해 자유롭고 안전하게 발휘할 수 있게 할 때 국부는 가장 효과적으로 증진됩니다. 국가는 자유로운 경제활동을 최대한 보장해줘야 합니다.

정부

수능과 유명 대학교의 논술 연계

2011년도 수능(경제)15번

2011년도 수능(윤리) 8번

2007년도 서울대학교 정시 모집 논술

2011년도 고려대학교 논술문제(인문)

정부의 역할

지금까지 우리는 국부는 무엇이고, 이를 증대시키기 위해서는 효율적인 자원 배분, 자본 축적, 분업, 기술 진보 등과 같은 방안이 필요하다는 결론에 도달했습니다. 그러면 이들 방안을 효과적으로 실현하기 위해 정부가 해야 할 일은 무엇이 있을까요?

가능한 사람들을 인간 본성에 따르도록 하는 것입니다. 인간은 늘 현재 상태에 만족하지 않고 자신의 처지를 개선하려는 욕망을 가지고 있습니다. 만족할 줄 모른단 말이지요. 여러분들도 현재보다 미래에 처지가 좋아지길 원하지요? 그래서 여러분들은 힘이 들어도 매일매일 자신의 능력을 향상시키고 있는 것입니다. 경제도 마찬가지입니다.

사람들은 누가 시키지 않아도 자신의 처지를 개선시키고자 저축하고 이를 다시 투자하여 생산 자본을 축적합니다. 이렇게 축적된 자본은 자연스럽게 노동 생산성도 높이고 더 많은 노동을 고용하게 되어 결국 노동의 양이 증가하게 됩니다.

또한 인간은 교환 본능을 가지고 있습니다. 교환을 통해 이익을 얻을 수 있기 때문이지요. 교환을 통해 이익을 얻을 수 있는 원리는 국제 무역을 이야기할 때 자세히 설명하겠습니다.

교환이란 무엇인가를 필요한 양보다 더 많이 생산하고 남는 것을 다른 사람이 생산한 물건과 바꾸는 행위입니다. 그러니까 교환은 사람마다 무엇인가에 전념한다는 전제를 깔고 있는 것이지요. 즉, 교환과 분업은 서로 불가분의 관계입니다. 따라서 분업도 인간이 자신들의 교환 본능에 충실할 수 있도록 하면 활성화될 수 있습니다.

지금까지 내용을 간단히 정리해 보면, 국부 증진의 열쇠는 인간의 본성을 제한하지 말고 자유롭게 놔두는데 있습니다. 자본 형성과 교환 행위를 가능한 자유롭게 할 수 있도록 만들어 주어야 합니다.

정부는 시장에 적절한 준칙과 틀만 마련하고 인위적으로 간섭하지 않을 때 국부는 효율적으로 증대한다는 뜻입니다. 정부는 괜히 이것저것 간섭하지 말고, 국방, 치안, 법질서 확보, 개인들이 할 수 없는 공공사업 등으로 그 역할을 축소해야 할 것입니다. 그러면 시장의 '보이지 않는 손'이 알아서 가장 효과적으로 국부를 증대시켜 줄 겁니다.

저의 이런 주장은 자유방임주의와 상통합니다. 한 국가의 소득은 그 국가의 자본가들이 더 큰 이윤을 추구할 때 함께 커지게 됩니다. 따라서 국가가 해야 할 일은 자본가들의 이익추구 활동을 최대한 보장해 주는 겁니다. 자본가들이 자신들의 자본을 스스로의 판단대로 이용할 수 있게 보장해주기만 하면 됩니다.

국가가 나서서 특정 경제 부문을 장려하거나 억제한다면 자본가들의 자유로운 결정에 따랐을 때보다 소득이 더 작게 되기 때문입니다. 각 개인은 자기 자신의 이해를 가장 잘 판단할 수 있는 위치에 있기 때문에 각 개인의 의사결정 과정의 중심에 서야 합니다.

이렇게 각 개인들의 자유로운 경제 활동을 보장하기 위해 국가가 해야 할 일은 무엇이 있을까요?

첫째, 재산권을 보호해 주어야 합니다. 땀 흘려 애써서 모은 재산을 남에게 빼앗긴다면 아무도 열심히 일하려 들지 않습니다. 내 것과 남의 것이 확실히 구분될 때 우리는 자신의 부를 축적하기 위해 누가 시키지 않아도 땀 흘려 일하며 또 저축도 하게 됩니다. 내 재산을 남에게 빼앗기지 않는다는 확신을 국민들이 가질 수 있도록 해야 함을 뜻합니다. 따라서 국가는 폭력과 외부 침입으로부터 국민을 보호하고, 개인의 재산을 지켜 주는 법과 제도를 확고하게 정비해야 합니다.

둘째, 사상의 자유를 보호해야 합니다. 이념이나 종교에 매여 국민들이 자유로운 사고를 하지 못하게 하거나 사상의 자유를 억누르는 사회나 체제는 가난에서 벗어날 수 없습니다. 아프리카와 아시아, 그리고 일부 중동 지역의 국가들 중에는 아직도 이데올로기나 종교에 얽매여 국민들의 생각과 사상을 억누르는 나라가 많습니다.

그런 나라들은 한결같이 가난을 벗어나지 못하고 있습니다. 불행하게도 북한이 그런 나라들 중의 대표적인 나라입니다.

셋째, 자유로운 자본 시장을 보장해야 합니다. 새로운 부를 일으키기 위해서는 큰 자본이 필요한 것은 더 이상 설명하지 않아도 될 것입니다. 자본 축적은 대개 기업에 의해 이루어집니다. 그런데 기업은 넉넉한 자본을 가지고 있지 못합니다. 그러니 자본을 다른 사람들로부터 끌어와야 합니다.

넷째, 효율적인 통신과 수송 체계와 같은 사회 간접 자본을 갖추어야 합니다. 기업가들이나 농민들이 생산한 제품들을 멀리 떨어져 있는 소비자들에게 빠르게 공급할 수 있는 수송망이 마련되어 있지 못하다면 모처럼 만들어 낸 제품들도 물거품이 되고 말 것입니다. 이들 사회 간접 자본은 개인들의 능력을 넘어서는 대규모 프로젝트이기 때문에 국가가 재원을 조달하여 제공해야 합니다.

베를린 장벽의 붕괴

1961년 8월 13일 베를린 시민들은 눈앞에 펼쳐진 광경에 경악하였습니다. 간밤에 동-서 베를린을 연결하는 주요 도로에 철조망이 설치된 것입니다. 베를린을 동서 반쪽으로 나누는 베를린 장벽이 탄생한 것입니다.

2차 대전에서 독일이 패망한 후 베를린은 소련이 관할하는 동 베를린과 미국, 영국, 프랑스가 관할하는 서 베를린으로 분할되었습니다. 동독은 사회주의 계획 경제로 서독은 자본주의 시장 경제 체제로 나뉘게 된 것입니다. 그러나 베를린 장벽이 설치되기 전까지 독일은 정치적으로 분할은 되어 있었지만 동서독 간 왕래를 막지는 않았습니다.

사회주의 동독은 자본과 노동을 막대하게 투입한 초창기에는 괜찮아 보였습니다. 하지만 자본과 노동과 같은 생산 요소만을 무작정 투입한다고 경제가 지속적으로 발전하는 것은 아닙니다. 오히려 생산성이 향상되지 않은 상태에서 생산요소 투입량만 증가시키면 수익보다 비용이 더 빠르게 증가해 경제가 파산하게 됩니다. 동독 경제가 바로 그랬습니다. 당연히 동독 주민들의 불만이 쌓여 갔고 급기야 한해 평균 20만 명의 동독인이 베를린을 통해 서독으로 넘어가기 시작해 베를린 장벽이 설치되기 전까지 무려 250만 명의 독일인이 서독으로 넘어갔던 것입니다.

베를린 장벽은 이런 동독인의 서독 행을 물리적으로 막기 위해 설치된 것입니다. 베를린 장벽은 최초에는 45km길이의

베를린 장벽을 부수는 독일 시민들

철조망이었으나 점차 높이 2m, 폭 2m의 콘크리트 장벽으로 대체되며 동서냉전의 상징물이 되었습니다. 그러나 동독 경제의 실패를 콘크리트 장벽에 숨겨둘 수는 없었습니다.

1989년 5월 헝가리가 오스트리아 쪽 국경을 개방하면서 수천 명의 사람들이 헝가리, 오스트리아를 거쳐 서독으로 몰려들었습니다. 이를 기점으로 동독의 체제 붕괴는 사실상 시간문제가 된 것입니다. 마침내 1989년 11월 9일 저녁 7시 동독 정부는 베를린 장벽을 포함한 모든 경계를 전면 개방한다고 발표하기에 이르렀습니다. 이에 동서독 시민들은 베를린 장벽으로 몰려가 분단의 상징을 순식간에 무너뜨렸습니다. 당시 서독 신문들은 "꼬리를 물며 자유의 품으로 넘어오는 동독인들의 머리 위로 맥주와 샴페인이 쏟아지고 꽃ㆍ지도ㆍ안내문 등이 차례로 건네졌다…. 자유의 땅으로 넘어온 동독인과 서독인은 서로 얼싸안고 춤을 추었다."라고 보도하며 일제히 '우리는 하나'라는 제목으로 감동의 현장을 전하기도 했습니다. 결국 이듬해인 1990년 10월 3일 서독이 동독을 흡수 통합하는 형식으로 통일 독일이 재탄생하게 되었습니다.

베를린 장벽이 붕괴되기 3개월 전부터 동독은 파산상태였습니다. 지상의 공산주의 낙원이라는 구호가 모두 허구였음이 드러나기 시작한 것입니다. 경제난 악화와 개혁조치 부재에 대한 노골적인 불만이 마구 터져 나왔습니다. 베를린 장벽 붕괴 전 서독의 1인당 국내 총생산은 21,300달러이었던 것에 비해 동독은 8,200달러 수준에 머물고 있었고, 무역수지도 서독은 797억 달러 흑자인 반면 동독은 5억 달러의 적자를 보이고 있었습니다. 공업 생산성은 서독의 1/3 수준에 머무를 정도로 악화되어 있었습니다. 이는 당연히 자원배분의 실패가 원인이었죠.

1989년 11월 9일 베를린 장벽의 붕괴는 현실 사회주의 계획경제 몰락을 의미하는 상징적 사건으로 기록되고 있습니다. 이 사건은 최근 탈북자 수가 증가하는 우리나라에게는 특별한 교훈이 되는 역사적 사건입니다.

구체적으로 말하자면 땀흘려 일 한 개인의 재산을 뺏기지 않게 지켜 주시고.

'사상의 자유'를 보장해주시고

자 유 무 역

나라 간의 무역인 국제 거래는 각 나라가 상대
국에 비해 싸게 생산할 수 있는 상품을 다른 나
라와 교환을 통해 이익을 얻고자 할 때 발생합
니다. 이를 활성화시키기 위해 자유 무역 협정
을 맺어 아무런 장벽이나 제한 없이 다른 국가
와 자유롭게 무역합니다. 시장이 하나가 되니
소비자도 값싸고 질 좋은 상품과 서비스를 접
할 수 있는 기회가 확대됩니다.

수능과 유명 대학교의 논술 연계

국부론이란?

통상 국부론이라고 부르는 제 저서의 원래 제목은 'An Inquiry into the Nature and Causes of the Wealth of Nations'입니다. 한국어로는 '국가의 부(富)의 성질과 원인에 관한 고찰' 정도로 번역되더군요.

그런데 번역된 제목은 안타깝게도 제가 원제를 통해 말하고 싶은 핵심 메시지를 정확히 전달하지 못하는 것 같습니다. 원제의 마지막 단어를 보세요. 'Nations'라고 복수 명사를 사용하고 있지요. 그런데 한국어에는 복수 명사가 발달되어 있지 않아, 그냥 국가라고 번역한 것 같습니다.

그러나 저는 복수 명사를 의도적으로 사용하였습니다. 왜냐하면 저는 하나의 국가가 아니라 모든 국가가 함께 부유해질 수 있는 경제 시스템을 연구했기 때문입니다. 제가 영국 사람이니까, 영국만 부자

국제 거래는 각 나라가 서로 상
대적으로 싸게 생산할 수 있는
상품에 특화하여 다른 나라와 교
환함으로써 이익을 얻고자 하기
때문에 발생합니다.

가 되기 위한 시스템을 찾아보려고 한 것이 아니란 이야
기입니다.

모든 국가가 함께 잘 살기 위해서는 국가 간의 교역을
늘려야 합니다. 근본적인 이유는 아주 단순합니다. 앞에
서 말씀드린 것처럼 교역을 확대할수록 분업이 증가되
고, 분업의 증가는 특화를 촉진시켜 결과적으로 생산성이 높아지기
때문입니다.

다시 한 번 잊지 마세요. 국부는 금은보화의 양이 아니라 국가의
생산성에 달려 있다는 점을.

제가 살던 시대의 영국은 중상주의가 널리 퍼져 있었습니다. 중상
주의자들은 국부를 금의 양으로 착각하고, 수출이 수입을 초과한 만
큼 금을 더 얻을 수 있다는 신념아래 가능한 수입을 억제하는 정책을
주장하였습니다. 그러나 이런 중상주의자들의 주장은 당시의 지배층
을 위한 논리일 뿐, 전체 국가의 부를 늘리는 데는 아무런 도움을 주지
못하는 엉터리 논리였다는 것은 이미 앞에서 말씀드린 바 있습니다.

무역의 의의는 무역 차액(금과 은의 획득)이 아니라, 좁은 국내 시
장이 더 이상 생산성 향상에 방해 요인이 되지 않게 하는 것입니다.
특정 부문의 생산성이 높아지면 그 부문의 생산이 국내 수요를 초과
하게 됩니다. 이때 국내에서 남는 것을 해외에 내다 팔 수 없다면 그
부문의 생산성 향상은 중단될 겁니다. 왜냐하면 생산성이 향상되어
생산량이 늘어나 봐야 재고만 쌓이기 때문입니다. 당연히 남는 만큼

해외에 내다 팔 수 있다면, 생산성 향상은 계속되어 더욱 많은 양을 수출할 수 있게 됩니다. 이렇게 수출로 벌어들이는 돈을 가지고 해외에서 필요한 물품을 사들이면 국내 소비량도 늘어나게 되겠지요. 이처럼 특정 부문의 생산이 증가하는 동시에 '사회의 진정한 소득과 부'가 증가하게 되는 것입니다. 바로 이것이 국부의 증가입니다.

여기서 꼭 확인하고 넘어가야할 것이 하나 있습니다. 무역을 통한 국부 증대 수단은 무역 차액이 아니라 무역 자체라는 점입니다. 만일 무역 차액이 국부 증대 수단이라면, 한 국가의 부가 증가하면 필연적으로 다른 국가의 부는 감소하여야 합니다. 왜냐하면 한 국가의 무역 흑자는 다른 국가의 무역 적자를 의미하기 때문입니다. 이렇게 되면, 국제 무역을 통해 모든 나라가 함께 부유해지는 것은 처음부터 불가능하겠지요. 하지만 앞서도 설명 드린 것처럼 무역을 통해 각 나라들은 시장 규모를 확대하면 생산성이 향상하게 되어 두 나라 국부가 모두 증가할 수 있게 됩니다. 이런 의미에서 제가 국부론 제목에 국가들(Nations)이라고 복수 명사를 쓴 것입니다.

수입 제한은 종종 보호 대상 산업에게만 유리할 뿐 국가 전체적으로는 복지 수준을 크게 감소시킬 수 있어 오히려 불리할 수 있습니다. 국제 경쟁력이 없는 국내 산업을 보호한답시고 외국 경쟁 상품의 수입을 제한하는 조치는 자칫하면 국내 소비자들에게 값싸고 품질 좋은 상품 대신 품질도 좋지 않으면서 비싸기만 한 상품의 소비를 강요하는 어처구니없는 일이 될 수 있습니다.

결국 소비자들의 부담만 높일 뿐입니다. 소비자들 주머니를 털어 국내 생산자 주머니만 채워주는 꼴이 되기 십상입니다. 왜냐하면 소비자들은 불필요하게 비싼 가격으로 소비를 해야 할 테니까요.

거의 모든 무역 규제는 소위 말하는 무역 수지 독트린에서 그 정당성을 찾고 있습니다. 무역 수지 독트린이란 교역 당사국 양쪽의 무역 수지가 균형을 이루면 어느 쪽도 이익을 보거나 손실을 보지 않는 반면, 균형을 이루지 못하면 어느 한 쪽이 손실을 보고 다른 한 쪽은 이득을 본다는 주장입니다. 한 마디로 엉터리 독트린입니다.

무역 수지 독트린대로 해석하면 우리나라가 부유해지려면 이웃 나라들을 가난하게 만들어야 합니다. 같은 논리로 자기 나라와 무역하는 모든 상대국의 번영을 시샘하고 자신들의 손실을 상대국 탓으로 돌리게 됩니다. 당연히 무역은 국가 간 불화와 반목의 원인이 되는 어처구니없는 결과를 낳게 됩니다.

예를 들어, 영국과 프랑스의 무역에서 프랑스가 무역 흑자를 내고 영국은 무역 적자를 낸다고 해서 영국이 일방적으로 손해를 보고 있다고 말할 수는 없습니다. 프랑스 포도주가 포르투갈 포도주보다 싸고 좋다면, 영국은 포도주를 프랑스에서 수입하는 편이 훨씬 유리하기 때문입니다. 필요한 물건을 가장 싸게 사는 것이 항상 이익이라는 사실은 애써 증명할 필요도 없는 명제입니다. 그럼에도 불구하고 무역 수지 독트린이 버젓이 한 자리 차지할 수 있는 이유는 일부 상인과 제조업자 그리고 귀족들이 자신들의 이익을 위해 그럴듯하게 포장해 선전하고 다니기 때문입니다.

19세기 프랑스의 저술가 바스티아가 프랑스 국회에 제출한 조명

업체 명의의 풍자문을 통해 수입 제한 조치의 부작용을 쉽게 이해할 수 있습니다.

"저희들은 저희에 비해 월등한 조건에서 빛을 생산해 내는 외부 경쟁자 때문에 극심한 고난을 겪고 있습니다……. 그 경쟁자는 태양이올시다.

의원 여러분이 이 불평등을 시정할 법을 하나 통과시켜 주십시오. 낮에는 모든 창문을 커튼이나 블라인드 등으로 가리는 법입니다. 이렇게 되면 우리 국내 조명 산업은 크게 번창할 것입니다.

선택은 논리적으로 하십시오. 국내 산업을 보호한답시고 값싸고 질 좋은 외국산 철강, 곡물, 직물 등의 수입은 막으면서 참말로 거저인 태양은 막지 않는다면 이 얼마나 비논리적인 처사입니까?"

실제로 명분 없는 막무가내식 수입 제한은 소비자의 부담을 증가시켜 사회적 동의를 얻기 어려울 때가 많습니다. 이런 문제를 회피하기 위해 많은 국가들은 자국 산업을 보호한다는 명분을 내 걸고 외국 상품의 수입을 제한하는 조치를 취하곤 합니다.

수입을 제한하지 않으면 자국 산업이 위축될 테고, 그렇게 되면 해당 산업의 자본이 축적되지 않아 결국 고용의 규모도 줄어들어 국부에 해가 된다는 그럴듯한 설명까지 곁들이기도 하지요. 수입 제한으로 국내 산업을 보호하면 그 산업의 고용이 늘어 국부가 증대된다는 논리입니다. 하지만 꼼꼼히 따져 보면 엉터리입니다.

특정 상품에 높은 관세가 부과되면 그 상품을 생산하는 국내 산업의 국내 시장의 지배력과 이익은 크게 증가하게 됩니다. 당연히 과세로 보호받는 산업의 생산량이 증가하게 되어, 해당 산업의 자본 축적과 고용량도 따라서 증가하게 되는 것은 사실입니다. 그러나 여기까지입니다. 보호 대상 산업의 자본 축적과 고용 증가가 그대로 국부 증대로 이어질지는 다른 문제입니다. 특정 산업에서의 자본 축적과 고용 증대와 전체 경제의 자본과 고용의 증대로 이어질지는 불확실하기 때문입니다.

앞서도 말씀드린 대로 국부는 국가 경제 전체의 노동의 양과 질이 증가하여 전체 노동 생산물의 가치가 증가할 때 비로소 증가합니다. 특정 산업의 노동 생산물의 가치가 늘었다고 국가 경제 전체의 국부가 늘어나는 것이 아니라는 것이지요.

따라서 수입 규제가 국부 증대에 도움이 되느냐는 수입 규제로 국가 전체의 자본 축적을 증가시켜 전체 노동 고용량이 증가될 수 있는가에 달려 있습니다. 불행히도 수입 규제는 자본과 노동을 보호 대상으로 하는 것이 아니라 산업을 보호하는 것입니다. 다시 말해, 자본과 노동력의 인위적 재배치일 뿐이라는 말입니다. 이러한 인위적 재배치가 시장에서 이루어지는 자율적 배치보다 경제 전체에 유익한가는 결코 확실치 않습니다. 오히려 해가 된다는 것이 제 주장입니다.

자본가는 자신의 자본을 어떤 산업에 투자하는 것이 유리한지를 어떤 정치가나 입법자들 보다 훨씬 신중하고 현명하게 판단할 수 있습니다. 사람들 각 개인이 처한 환경은 모두 다릅니다. 따라서 사람들 각자는 자신의 특수한 처지를 가장 잘 이해하는 사람이기도 합니다. 누구도 나의 처지를 나보다 더 잘 이해하는 사람은 없습니다.

올바른 판단은 정확한 이해에서 시작된다는 사실은 굳이 설명하지 않아도 될 것입니다. 또한 판단을 잘못하면 자본가는 곧바로 망하겠지만, 정치가 혹은 입법자들은 그렇지 않습니다. 그러니 자본가들이 투자를 결정할 때는 어느 누구보다도 신중합니다.

자본을 특정 방식으로 사용하라고 지시하는 정치가는 불필요한 수고를 짊어지려는 것입니다. 특정 산업을 보호하려는 것은 자본을 어떤 식으로 사용하라고 지시하는 것과 다르지 않습니다. 이러한 지시는 거의 모든 경우 쓸모없거나 유해한 규제일 뿐입니다.

타국의 보호 정책에 대한 보복 차원에서의 관세 부과도 바람직하지 않습니다. 자칫 무역 상대국들의 보복 조치를 연쇄적으로 유발하게 되어 무역 당사국 모두가 최악의 피해를 보게 되는 소위 죄수의 딜레마(prisoner's dilemma)에 빠질 수도 있기 때문입니다. 물론 타국의 보호 정책을 쓰지 못하게 하는 위협 수단으로서의 가치는 있겠지만, 그렇지 않을 경우, 양 국 모두가 망가지는 최악의 경우를 초래할 수 있습니다. 보복은 사회의 잠재적 부를 감소시키는 또 다른 원인이 될 뿐입니다. 국제 무역에 있어서는 독불장군(獨不將軍)이 있을 수 없습니다.

사실 1930년대 세계를 휩쓴 대공황의 한 가지 원인도 세계 각국이 경쟁적으로 보호 무역 정책을 택했기 때문입

죄수의 딜레마
일정한 조건에서 경쟁자 간의 경쟁 상태를 모형화하여 참여자의 행동을 분석해 최적의 전략을 선택하는 것을 분석하는 게임 이론의 유명한 사례로 사용됩니다. 이 사례는 협력을 통해 서로 이익이 되는 상황이 아닌 더욱 불리한 상황을 선택하는 문제가 발생되는 것을 보여주지요.

독불장군
혼자서는 장군이 될 수 없다는 뜻으로, 결국 남과 의논하고 협조를 통해야 함을 이르는 말입니다. 보통 무슨 일이든 자기 생각대로 처리하는 사람이나 다른 사람에게 따돌림을 받는 사람을 일컬어 사용되지요.

미국은 1929년 10월 29일 화요일, 미국의 주식 시장에서 주식 가격이 폭락하면서 대공황이 시작됐습니다. 각국이 불황에서 벗어나려고 보호 무역 정책을 실시함에 따라 국제 무역량이 급감하고 기업들의 재고가 증가하자 산업의 생산이 크게 위축되었지요.

니다. 1930년대 미국 의회는 경기 침체의 주범이 외국상품의 수입이라고 단정하고 관세율을 60%까지 올리는 내용을 중심으로 하는 스무트 할리 관세법을 통과시켰습니다. 이와 같은 미국의 결정에 대해 유럽 동맹국들을 포함한 60개 이상의 국가들이 보호주의 바리케이드로 대항하였고, 그 결과는 참담했습니다.

세계 무역의 약 $\frac{2}{3}$ 정도가 붕괴되었고 1930년대 불경기는 대공황으로 최악의 상황으로 내몰리게 되었습니다.

그러면 국제 무역을 어떻게 해야 각국의 부를 증진시킬 수 있을까요? 간단합니다. 한 마디로 자유 무역입니다. 서로 문을 걸어 잠그고 상대방과의 교역을 거부하면 교역국 모두의 국부를 감소시키는 의도하지 않은 결과가 초래될 수 있습니다. 각 국은 자유롭게 자신들이 비싸게 생산할 수밖에 없는 상품은 수입하고, 상대적으로 싸게 생산할 수 있는 상품은 수출할 때 교역의 규모는 커져 교역국 모두의 국부가 증대될 수 있습니다.

혹자들은 자유 무역은 결국 부자들에게만 유리하기 때문에 노동자들은 수입 장벽이 있어야 가난한 사람들이 밥줄을 유지할 수 있다고 주장합니다. 이것도 수입 규제로 보호되는 산업에서 일하는 노동자들의 이기적인 주장에 불과합니다. 제가 살던 당시 영국과 프랑스는 사이가 매우 좋지 않았습니다. 이런 적대적 관계때문에 값싼 프랑스산 밀이 영국으로 들어오지 못했습니다. 당연히 영국 밀의 생산업자들이 영국 국내 시장을 장악하게 되었죠.

영국의 밀 생산은 보호 정책 덕분에 증가해 밀 농장 주인과 그곳에서 일하는 노동자들에게는 좋았을지 몰라도, 영국 국민 전체에게는 그렇지 않았습니다. 영국은 밀을 재배하기에 적절한 지역이 아니라는 점을 명심해야 합니다. 그러니 영국산 밀은 품질도 좋지 않았고, 생산비가 높아 가격 또한 매우 비쌌지요.

영국 국민들은 어쩔 수 없이 품질도 좋지 않은 영국산 밀을 비싼 가격에 사 먹을 수밖에 없었답니다. 영국 국민 중에는 부자만 있는 것은 아니지요. 도시 빈민들도 있다는 점도 잊지 말아야 합니다. 오히려 부자는 소수입니다. 결국 프랑스 산 밀수입을 금지한 것은 도시 빈민의 희생 위에 농촌 부자와 노동자들의 배만 채운 꼴이 된 것입니다.

물론 자유 무역으로 일자리를 잃고, 사업을 접어야 하는 분들도 생길 수 있습니다. 이 분들 입장에서야 자유 무역을 반대하는 것은 어쩌면 당연할지도 모릅니다. 당장 자신들은 일자리를 잃을지도 모르는데 어떻게 아무 말도 하지 않고 가만히 있을 수 있겠습니까? 하지만, 중요한 것은 국가 전체의 부가 증진된다는 점입니다. 따라서 특정 부문의 퇴보를 이유로 자유 무역 자체를 무작정 반대하는 것은 옳지 않습니다. 그렇다고 특정 부문의 희생을 무작정 강요해서는 물론 안 됩니다. 그러면 어떻게 하라는 말일까요?

자유 무역을 통해 국부 증진을 도모하면서, 자유 무역으로 증대되는 국부를 어떻게 나눌지를 고민해야 합니다. 증대된 국부 중 일부를 피해 부문으로 돌려 줘 이들 부문의 피해를 최소화하는 것도 한 방안이 될 수 있겠죠. 자유 무역 논쟁은 자유 무역으로 규모를 키우고, 커진 규모를 어떻게 분배하는가에 집중되어야지, 자유 무역 찬반에 집중되는 것은 바람직하지 않아 보입니다.

자, 지금까지 자유 무역의 중요성은 여러 차례 강조했는데 아직 어떤 상품을 수출하고 어떤 상품을 수입해야 하는가에 대한 원리는 말씀드리지 않았습니다.

기본 원리는 간단합니다. 국내에서 싸게 생산하는 것을 수출하고 비싸게 생산할 수밖에 없는 것을 수입해야 하겠지요. 그런데 어떤 상품을 싸게 생산하는지 혹은 비싸게 생산하는지를 비교하는 것이 생각같이 간단하지 않아요. 금방 이해가 되지 않으시죠. 생산 비용을 어떻게 정의하느냐에 따라 결과가 달라질 수 있습니다. 사실 저도 이 점을 미처 깨닫지 못했답니다. 저는 소위 절대 우위론을 주장했는데, 나중에 따져보니 논리적 허점이 드러났어요. 제 후배인 리카도가 논리를 바로 잡아 비교 우위론을 주장했는데, 이것이 맞더군요. 하여튼 먼저 제가 주장했던 절대 우위론과 리카도의 비교 우위론에 대해 설명하겠습니다.

> **비교 우위론**
> 국내에서 기회비용이 상대적으로 싼 재화를 외국으로 수출하고, 비싼 재화를 수입한다는 이론을 말합니다.

절대 우위론

국제 무역의 확대를 통해 각국이 이익을 얻게 되는 이유를 이론적으로 검토해 볼까요? 이해를 쉽게 하기 위해 가상의 예를 들어 설명해 보겠습니다.

창호와 창수는 모두 농지 1,000평을 갖고 있는 장래가 촉망되는 영농 후계자입니다. 하지만 대대로 창호네는 쌀농사를, 창수네는 밭농사를 주로 지어왔기 때문에 창호는 쌀농사를 더 잘하고, 창수는 밭농사를 더 잘합니다.

구체적으로 살펴보면 창호는 평당 2kg의 쌀을 생산할 수 있는 반면 창수는 평당 1kg의 쌀을 생산할 수 있습니다. 하지만 창수는 배추

농사는 창호보다 훨씬 잘합니다. 창호는 평당 5포기의 배추를 생산할 수 있지만, 창수는 평당 10포기의 배추를 생산할 수 있습니다.

창호와 창수는 각자의 농토를 반반씩 쪼개 500평은 쌀농사용으로 나머지 500평은 배추농사용으로 사용하고 있습니다. 따라서 창호는 1,000kg의 쌀과 2,500포기의 배추를 생산하고, 창수는 500kg의 쌀과 5,000포기의 배추를 생산하고 있습니다. 사실 창호와 창수 모두 노동력을 좀 더 투입하여 노동 집약적으로 농사를 지으면 산출량을 크게 증가시킬 수 있으나, 농촌에 젊은 노동력이 없어 그러지도 못해 속상해 하고 있습니다.

창호와 창수를 도와줄 방법이 없을까요? 여러분이 직접 농사일을 돕겠다고요? 그것도 한 방법이겠지만, 우리나라 전체 경제에 도움이 될까요? 여러분은 지금 열심히 공부해 나중에 큰 일꾼으로 성장할 수 있습니다. 그러니 팔 걷어 부치고 농사일을 직접 돕는 것보다 계속 공부하는 편이 낫습니다. 하지만 방법이 있어요. 창호와 창수에게 스스로 도울 수 있는 방법을 알려 주는 겁니다.

창호와 창수에게 교역을 하라고 말해 주세요. 쌀농사 잘하는 창호는 배추 농사를 포기하고 쌀농사에 매진하고, 창수는 쌀농사를 포기하고 배추농사만 하라고 하세요. 그리고 나서 각자 생산량을 둘이서 똑같이 나누어 가지라고 제안하세요.

그러면 결과가 어떻게 될까요. 상상해 보세요. 먼저 창호가 자신의 농토 1,000평 전체에다 쌀농사를 지으면 2,000kg의 쌀을 생산할 수 있을 테고, 창수는 자신의 농토 1,000평에 배추농사를 지으면

10,000포기의 배추를 생산하게 되겠지요. 이렇게 생산한 쌀과 배추를 두 사람이 똑 같이 나누어 가지면, 창호와 창수 모두 1,000kg의 쌀과 5,000포기의 배추를 얻게 될 겁니다.

자 결과를 평가해 볼까요. 교역 전에 비해 창호는 쌀의 양은 그대로이지만 배추를 2,500포기 더 얻게 되었고, 창수는 배추의 양은 그대로이지만 쌀을 500kg 더 얻을 수 있게 되었습니다. 논이나 밭이 늘어난 것도 아니고, 그렇다고 노동력이 증가한 것도 아닌데, 두 사람 모두의 부가 늘어난 것입니다. 마술 같지 않습니까? 생산 요소의 양이 늘어나 부가 증가한 것이 아니라 그저 교역을 통해 새로운 부가 창출된 것입니다.

창호와 창수는 상대방보다 자신이 더 잘하는 일에 특화하여 생산하고, 그 생산물을 서로 교환함으로써 자신들의 부를 증대시킬 수 있었던 것입니다. 여기서 상대방보다 더 잘 생산한다는 의미는 상대방보다 싸게 생산할 수 있다는 뜻입니다. 다시 말해 상대방보다 같은 양을 생산하는데 적은 생산 요소를 투입한다는 의미이지요.

경제학 전문 용어로 말하면 산출량 대비 투입량을 의미하는 소위 투입/산출 계수가 적다고도 할 수 있지요. 이렇게 투입/산출 계수가 상대방 보다 작으면 절대 우위가 있다고 말합니다. 다시 말해, 절대 우위는 투입 생산 요소의 양을 기준으로 판단합니다. 투입 생산 요소의 양이 적을수록 절대 우위를 확보하게 됩니다.

창호는 농지 한 평으로 2kg의 쌀을 생산할 수 있고 창수는 농지 한 평으로 쌀 1kg을 생산할 수 있기 때문에, 창호와 창수의 쌀 생산

투입/산출 계수는 각각 0.5평/kg, 1평/kg이 됩니다. 따라서 창호가
창수에 비해 쌀 생산에서 절대 우위를 갖게 되지요.

　같은 논리로 배추 생산의 투입/산출 계수를 살펴보면, 창호의 배
추생산 투입/산출 계수는 0.2평/포기인 반면 창수의 그것은 0.1평/
포기가 되어 배추농사에 있어서는 창수가 창호에 비해 절대 우위를
갖게 됩니다. 창호와 창수의 교역을 절대 우위로 다시 설명하면, 두
사람은 각자 절대 우위를 갖고 있는 분야에 특화한 후, 교역을 통해
서로의 부를 증진시킬 수 있었던 것입니다.

　이와 같은 원리를 국제 무역에 적용하면 그것이 무역을 통한 국

부 증진의 원리가 됩니다. 우리나라에서 어느 상품을 생산하는데 드는 비용이 그 상품을 외국에서 사오는 비용을 초과한다면 우리나라는 그 상품 생산을 중단하고 수입하는 편이 오히려 유리합니다.

예를 들어 바나나를 우리나라에서 생산하려면 비닐하우스도 만들고 난방도 해야 하기 때문에 비용이 굉장히 많이 들지만, 미국에서는 그렇지 않습니다. 플로리다, 하와이 같은 곳에서는 그냥 바나나 나무를 꾹꾹 심어만 놓아도 된다고 합니다. 그러니 미국산 바나나 가격은 형편없이 싸게 책정됩니다. 이럴 경우, 우리나라로서는 바나나를 자체적으로 생산하기보다는 미국에서 수입하는 편이 유리하지요. 반대로 외국에서 수입하는 비용보다 국내에서 더 싸게 생산할 수 있다면, 이제는 거꾸로 그 상품을 수출해야 하겠지요.

무슨 예가 있을까요? 우리나라는 세계에서 선박을 가장 싸게 생산할 수 있다고 합니다. 우리의 선박 건조 시설, 우수한 노동력, 지리적 여건 등은 세계 어느 나라보다 유리하다고 합니다. 그러니 괜히 바나나 생산에 자원을 낭비할 것이 아니라 조선업으로의 자원 배분을 늘리는 편이 유리합니다.

지금까지 내용을 좀 더 이론적으로 표현해 보면, 각 국은 절대 우위를 확보하고 있는 산업에 특화하고 그렇지 않은 산업은 생산을 포기하고 수입하는 편이 더 유리하다는 결론에 도달합니다. 다시 말해 우리가 비싸게 생산할 수밖에 없는 절대 열위 산업에서 노동과 자본 등 생산 요소를 우리나라가 외국보다 싸게 생산할 수 있는 절대 우위 산업으로 재배치하면 국부를 훨씬 늘릴 수 있다는 말입니다.

어떻습니까? 설명을 들어 보니까 이해가 되시지요? 하지만, 나중에 데이비드 리카도(David Ricardo)에게 한 방 먹었지요. 제 논리에 허점이 있었거든요.

비교 우위론

자 위에서 든 창호와 창수의 농사 이야기를 계속 진행해 볼까요. 세월이 흘러 눈썰미 좋은 창호가 모든 농사일에 익숙해졌습니다. 이제 창호는 밭농사에도 익숙해져서 배추도 평당 12포기를 생산할 수 있게 되었습니다. 다시 말해, 창호는 논농사는 말할 것도 없고, 밭농사도 창수보다 더 잘 경작하게 된 것입니다.

연습 삼아 투입 산출 계수를 확인해 볼까요? 창호의 배추 생산 투입 산출 계수는 약 0.08평/포기로 창수의 투입 산출 계수 0.1평/포기보다 작게 됩니다. 이제 창호가 창수보다 배추도 더 싸게 생산하게 된 것이지요. 쌀 생산의 투입 산출 계수는 변동이 없을 테니 쌀도 창호가 창수보다 여전히 싸게 생산하고 있는 사실은 물론 변함이 없고요.

이제 창호는 쌀농사, 배추농사 모두에서 절대 우위를 갖게 되었습니다. 그러면 모든 일을 잘하는 창호는 더 이상 창수와 교환할 필요가 없을까요? 전에는 두 사람이 잘하는 분야를 나누어 갖고 있었으니 서로 협력할 일이 있었지만, 창호가 모든 면에서 창수보다 잘하는데 창수와 함께 협력할 일이 무엇이 있겠습니까?

이 부분에서 제가 실수했어요. 절대 우위를 기준으로 하면, 교환이 성립되지 않는 것이 맞지요. 하지만, 아무리 창호가 창수보다 모든 일을 잘하여도 교환은 여전히 둘 모두에게 이득이 됩니다. 자, 한번 따져 볼까요.

창호가 이제 교환의 필요성을 느끼지 않을 것으로 생각하고 창수는 실의에 빠져 있습니다. 어느 날 창호가 창수를 찾아와 위로를 해주며 나눈 대화를 살펴봅시다.

"창수야, 혼자 논농사 돌보랴, 밭농사 돌볼 생각하니 마음이 무겁지. 걱정하지 마. 우리 예전처럼 계속 서로 도우며 일을 나누어하자. 나는 계속 논농사에 집중하고, 넌 밭농사에 집중하기로 해. 하지만 방식은 조금 바꿔 보자. 너는 700평에 배추농사를 그리고 나머지 300평에 쌀농사를 하면, 나는 650평에 쌀농사를 그리고 나머지 350평에 배추농사를 지을게. 이렇게 농사를 지은 후 너는 나에게 배추 2,000포기를 주면, 나는 너에게 250kg의 쌀을 줄게."

창수는 도통 이해가 되지 않아 다시 묻습니다.

"한번 따져 보자. 나는 700평에 배추농사를 지으면 7,000포기를 생산할 수 있을 거야. 그 중에서 2,000포기를 창호에게 주면 5,000포기는 내 것이 될 테니 손해 볼 것 없겠네. 또 내가 300평에 쌀농사를 지으면 300kg을 생산할 것이고, 거기에 창호 네가 250kg을 주면 나는 550kg의 쌀을 얻게 될 테니 난 50kg의 쌀을 더 얻게 되겠구나. 나에게는 이익이네. 그런데 왜 내게 이런 호의를 베푸는 거야. 넌 나보다 쌀농사뿐만 아니라 배추농사도 이제 더 잘하잖아."

창호가 고개를 끄덕이며 천천히 설명합니다.

"창수야. 너에게 일방적으로 호의를 베푸는 것이 아니야. 나에게도 좋은 일이야. 한번 따져 보자. 내가 650평에 쌀농사를 하면 1,300kg을 생산할 수 있을 거야. 이 중에서 네게 250kg을 주면 1,050kg이 내 것이 되겠지. 내가 혼자서 내 땅 반에다 농사를 할 때보다 50kg을 더 얻게 되는 셈이지. 또한 350평에 배추를 기르면 4,200포기를 생산하겠지. 거기에다 창수 네가 2,000포기를 줄 테니 도합 6,200포기를 얻게 될 거야. 이것도 내가 혼자서 500평에다 배추농사를 지을 때 얻게 될 6,000포기보다 200포기가 많은 양이지. 그러니 나도 너와의 교역을 통해 쌀과 배추를 모두 더 얻게 되어 유리하단다."

창호가 논농사, 밭농사 모두를 잘 해도, 다시 말해 창호가 모든 일에 절대 우위를 갖고 있어도, 창수와 교환을 통해 두 사람 모두 좋아질 수 있는 가능성을 살펴보았습니다. 하지만 아직 확실하게 이해되지 않는 것이 하나 있습니다. 분명 창호가 논농사와 밭농사일 모두를 더 잘하는데, 왜 하필이면 창호가 논 농사일에 그리고 창수는 밭 농사일에 상대적으로 특화해야 하는지가 아직 분명치 않습니다. 바로 이 문제를 푸는 열쇠가 소위 기회비용이라는 개념입니다.

기회비용은 생산 비용을 측정하는 한 개념입니다. 기회비용을 설명하기 전에 절대 비용의 개념을 먼저 살펴보지요. 생산을 하기 위해서는 무엇인가가 투입되어야 합니다. 즉, 생산 요소가 필요합니다. 생산 요소는 공짜로 얻을 수 없으니까 당연히 비용이 듭니다.

절대 비용이란 생산 요소의 양에 의해 결정됩니다. 단순히 단위 생산에 투입되는 생산 요소의 양이 곧 생산 비용이 되는 겁니다. 바로 이렇게 생산 요소의 양으로 측정된 생산 비용을 비교하여 특화할 분야를 결정하는 것이 앞에서 말씀드린 절대 우위 원리입니다. 그러나 비용을 이렇게 생산 요소의 절대량으로 파악하는 것이 적절한가는 좀 따져봐야 할 것 같습니다.

생산 요소가 왜 귀중하지요? 농지 자체가 중요한 이유가 무엇인가의 문제입니다. 일반적으로 우리가 원하는 것은 생산 요소 자체가 아닙니다. 우리가 원하는 것은 생산 요소로 생산된 산출물입니다. 농지 자체가 경제적 의미를 갖는 것이 아니라 농지로부터 생산할 수 있는 쌀, 배추 등이 경제적 의미를 갖는다는 이야기입니다.

따라서 농지의 진정한 가치는 농지 자체의 크기가 아니라 농지가 생산할 수 있는 산출물의 가치로 평가해야 할 것입니다. 농지는 쌀 농사용으로도 이용할 수 있고, 배추 농사용으로도 이용할 수 있기 때문에 농지의 가치는 쌀과 배추 어떤 것으로도 평가할 수 있습니다.

예를 들어 현재 시점을 기준으로 창호의 농지 한 평의 가치는 쌀 2kg 혹은 배추 12포기입니다. 농지 1평으로 쌀 2kg을 생산할 수도 있고 배추 12포기를 생산할 수도 있다는 말입니다. 따라서 창호 입장에서는 쌀 2kg과 배추 12포기는 같은 가치를 갖고 있다고 평가할 수 있습니다. 다른 말로, 쌀 1kg을 생산하기 위해 배추 6포기를 생산할 수 있는 기회를 포기해야 한다는 뜻입니다. 바로 이렇게 특정 생산을 위해 포기된 기회의 가치를 기회비용이라고 하는데 이것이 진정한 경제적 비용이 됩니다. 같은 방법으로 창호와 창수의 쌀과 배추 생산의 기회비용을 계산해 보면 다음의 표와 같습니다.

현재 시점의 기회비용부터 비교해 보죠. 먼저 쌀 1kg 생산에 필요한 창호와 창수의 기회비용은 각각 배추 6포기, 배추 10포기로 창호의 기회비용이 적습니다. 하지만 배추 1포기 생산에 필요한 창호의 기회비용은 쌀 0.17kg인 반면 창수의 기회비용은 0.1kg으로 창수가 상대적으로 저렴하게 생산합니다. 기회비용을 기준으로 창호는 쌀을 싸게 생산할 수 있고, 창수는 배추를 싸게 생산할 수 있습니다.

비교 우위란 기회비용을 기준으로 생산 비용을 비교하는 원리입니다. 기회비용이 낮은 산업에 비교 우위를 갖는다는 말입니다. 그러니까 창호는 쌀 생산에 창수는 배추 생산에 비교 우위를 갖고 있는 거죠.

바로 비교 우위 산업에 특화하여 교역하는 원리가 리카도가 주장한 비교 우위 원리입니다. 비교 우위 원리에 따르면 창호는 쌀 생산

		과거		현재	
		쌀농사	배추농사	쌀농사	배추농사
창호	생산성	2kg/평	5포기/평	2kg/평	12포기/평
	절대비용	0.5평/kg	0.2평/포기	0.5평/kg	0.083평/포기
	기회비용	배추 2.5포기/kg	쌀 0.4kg/포기	배추 6포기/kg	쌀 0.17kg/포기
창수	생산성	1kg/평	10포기/평	1kg/평	10포기/평
	절대비용	1평/kg	0.1평/포기	1평/kg	0.1평/포기
	기회비용	배추 10포기/kg	쌀 0.1kg/포기	배추 10포기/kg	쌀 0.1kg/포기

에 창수는 배추 생산에 특화하여 교역하는 것이 두 사람한테 유리하다는 사실이 논리적으로 입증됩니다. 기억하시죠? 절대 우위 원리로는 현재 시점에서 창호가 쌀과 배추 생산 모두에 절대 우위를 갖고 있기 때문에 창호와 창수간의 교역을 설명할 수 없었던 점을 말입니다. 그런데 비교 우위 원리가 완벽하게 설명해 냈습니다.

　모든 상품에 절대 우위를 가질 수 있지만, 절대로 모든 상품에 비교 우위를 가질 수 없습니다. 반드시 비교 우위 산업이 있으면 비교 열위 산업이 있다는 뜻입니다. 창호가 쌀과 배추의 생산 모두에서 절대 우위를 갖고 있었지만, 기회비용으로 평가해보면 쌀 생산에만 비교 우위를 갖게 되는 이유입니다. 그러다 보니 비교 우위에 의한 교역은 늘 가능한 것이지요. 교역이 모두에게 유익한 것은 두말할 나위가 없고요.

"국부의 원천은
노동과 자본이다"

우리는 경제 성장의 한계를 논할 때, 가끔씩 부족한 부존자원과 여전히 만족스럽지 못한 기술 수준을 탓하기도 합니다. 네 그렇습니다. 우리는 석유 한 방울도 생산되지 않을 뿐만 아니라 철광석, 석탄과 같은 지하자원도 절대적으로 부족한 대표적인 자원 빈국입니다. 물론 우리에게 천연자원마저 풍부하다면 금상첨화가 되겠지요. 하지만 자원이 풍부하다고 경제 성장이 저절로 되는 것은 절대 아닙니다. 만일, 풍부한 자원이 경제 성장의 충분조건이라면 부존자원이 풍부한 아프리카 국가들은 모두 부국이 되었어야 하지만 현실은 그렇지 않습니다. 기술 수준도 그렇습니다. 과거 소련과 러시아의 예를 통해, 기술만 발달하였다고 경제가 반드시 번영하는 것은 아니라는 사실을 쉽게 알 수 있습니다.

자원이 풍부하고 기술이 발달되어 있는 국가가 그렇지 않은 국가에 비해 경제적 번영에 있어 훨씬 유리하다는 사실은 결코 부정하고

싶지 않습니다. 다만 이런 요인들이 경제적 번영을 위한 결정적 요인이 아니라는 점을 강조하고 싶은 것입니다. 그러면 한 나라의 경제적 번영에 결정적으로 기여하는 요인은 무엇일까요?

한 나라의 경제적 번영은 결국 생산성에 달려 있습니다. 생산 요소의 양이 아니라 생산 요소를 결합하여 얻게 되는 최종 생산물의 양에 달려 있다는 이야기지요. 천연자원, 기술 수준 등은 모두 최종 생산물을 얻기 위해 투입되는 생산 요소입니다.

중요한 것은 이들 생산 요소를 얼마나 효율적으로 결합하여 생산량을 증가시킬 수 있느냐의 문제입니다. 다시 말해, 자원 분배가 무엇보다도 중요하다는 것입니다. 효율적 자원 분배는 당연히 부를 창출하게 됩니다.

자원을 분배하는 메커니즘이 바로 경제 체제입니다. 그런데 자원의 배분의 효율성이라는 측면에서 평가할 때, 시장 경제 체제가 가장 우수한 자원 배분 메커니즘이라고 생각합니다. 다시 말해, 사유 재산 제도, 교환의 자유와 경쟁적 시장과 안정된 통화 제도가 경제적 번영의 전제 조건이라는 말입니다.

효율적인 자원 분배 메커니즘을 갖춘 나라는 새로운 부를 창출하며 번영할 것이고, 그렇지 않은 나라는 쇠퇴를 면치 못할 것입니다. 이 원칙은 동서고금을 가리지 않고 적용됩니다. 경제적 번영을 가져다주는 것은 천연자원이나 과학기술이 아니라 건전한 경제 제도라는 것이 현대 경제학의 중심 메시지입니다.

2006년 수능 14번

다음의 글로부터 올바르게 설명한 내용을 〈보기〉에서 모두 고른 것은?
[3점]

> 외딴 섬에 남게 된 로빈슨 철수와 영수는 고기잡이의 통나무배 만들기라는 두 가지 일을 해야만 한다. 철수는 한 시간 걸려 물고기 한 마리를 잡을 수 있고, 10시간 걸려 통나무 배 한 척을 만들 수 있다. 그러나 영수는 물고기 한 마리를 잡는 데 2시간, 통나무 배 한척을 만드는 데 30시간이 걸린다.

〈보기〉

> ㄱ. 영수는 통나무 배 만드는 데 비교 우위가 있다.
> ㄴ. 철수는 두 가지 일에서 모두 절대 우위를 지닌다.
> ㄷ. 영수가 물고기 한 마리를 잡는 데 따르는 기회비용은 통나무 배 15척이다.
> ㄹ. 비교 우위론에 따르면 통나무 배 한 척을 처음 만들기 위해 포기해야 하는 물고기 수가 많은 사람이 통나무 배를 만드는 것이 현명하다.

① ㄱ   ② ㄴ   ③ ㄱ, ㄷ   ④ ㄴ, ㄹ   ⑤ ㄷ, ㄹ

2008년 수능 4번

다음의 표는 소득 수준이 비슷한 네 개 국가의 상태를 경제적 특징에 따라 나타낸 것이다. 이에 대한 설명으로 적절한 내용을 〈보기〉에서 고른 것은? [2점]

정부 개입의 정도 경제적 평등의 정도	약함	강함
낮음	A국	B국
높음	C국	D국

〈보기〉

ㄱ. A국은 B국보다 정부 규제가 많을 것이다.

ㄴ. A국은 C국보다 빈부 격차가 클 것이다.

ㄷ. B국은 D국보다 사회 보장 제도가 더 발달되어 있을 것이다.

ㄹ. C국은 D국보다 '보이지 않는 손'에 의한 자원 배분에 더 의존할 것이다.

① ㄱ　　　② ㄴ　　　③ ㄱ, ㄷ　　　④ ㄴ, ㄹ　　　⑤ ㄷ, ㄹ

2006년 수능 14번 답 ②

한 마리의 물고기를 잡는 경우에 철수는 영수보다 적은 시간을 투입했고, 통나무 배 한 척을 건조하는 데도 철수는 영수보다 적은 시간을 투입해 두 가지 모두에 절대 우위를 가지고 있습니다.

철수는 고기잡이와 배 만들기에 있어 영수에 대하여 1 : 2, 1 : 3으로 모두 절대 우위에 있습니다. 그러나 비교 우위에 있어서는 철수는 배 만드는 데 상대적으로 적은 비용을 들이며, 영수는 고기잡이에 상대적으로 적은 비용을 들이고 있음을 알 수 있습니다.

2008년 수능 4번 답 ④

각 국가별 경제적 특징에 따른 국가의 성격을 나타내고 있습니다. 경제적 평등이 제대로 이루어지지 않았다면 빈주의 격차가 클 것이고 이러한 정부의 개입이 약하다면 시장 경제에 의한 자원 배분에 더 많이 의존할 것입니다.

○ 찾아보기

경제학자가 들려주는 경제 이야기 06

애덤 스미스가 들려주는 국부론 이야기

ⓒ 박주헌, 2011

초판 1쇄 발행일 2011년 8월 11일
초판 5쇄 발행일 2021년 7월 5일

지은이   박주헌
그린이   황기홍
펴낸이   정은영

펴낸곳   (주)자음과모음
출판등록 2001년 11월 28일 제2001-000259호
주소   04047 서울시 마포구 양화로6길 49
전화   편집부 02) 324-2347 경영지원부 02) 325-6047
팩스   편집부 02) 324-2348 경영지원부 02) 2648-1311
이메일   jamoteen@jamobook.com

ISBN 978-89-544-2561-2 (44300)